반도체 인사이트
센서 전쟁

반도체
인사이트
센서 전쟁

한국반도체산업협회 엮음

주병권 김현중 박종구 문보경 김민선 서성현 김상효
이민정 박영욱 최준호 이창한 지음

SENSOR

MATERIAL

DIGITAL

SMART

LIVING

MOBILE

BIO

EDUCATION

DEFENSE

FUTUROLOGY

HUMANITY

교보문고

사람들은 계속해서 건강과 안전, 그리고 편리를 추구한다. 센서가 이런 사람들의 욕구를 충족시키는 데 중요한 역할을 할 것임에는 누구도 이견이 없을 것이다. 이런 센서가 인공지능과 융합되면 어떤 세상이 열릴까. 벌써부터 기대가 된다.

이 책은 다양한 분야에서 응용되는 여러 센서들에 대한 핵심을 잘 기술하고 있다. 각 분야의 전문가들이 비교적 쉽고 간명한 언어로 작성해 누구나 효율적으로 이해할 수 있다. 센서의 현재와 미래를 들여다보고 싶다면 이 책을 추천한다. 더불어 이 책을 통해 첨단 센서를 꿈꾸는 젊은이들이 많이 늘어나기를 기대한다.

— **이종호** 과학기술정보통신부 장관

디지털 혁명을 바탕으로 모든 사물이 초연결되고, 빅데이터와 인공지능을 통한 초지능화로 인해 사회, 경제활동, 산업이 혁신적으로 바뀌고 있다. 그 변혁의 저변에는 모든 정보를 수집하고 더 나아가 수집한 데이터를 분석, 활용하는 센서가 자리하고 있다. 미래 산업의 핵심 키워드인 센서의 역할과 센서로 바뀌게 될 미래를 알고 싶다면 이 책을 적극 추천한다.

— **이창양** 산업통상자원부 장관

인간이 지닌 오감(五感)보다 더욱 섬세한 감각을 지닌 센서가 최근 급속한 발전을 보이고 있다. 센서는 의료, 환경, 교통 등 다양한 분야에서 결정적 역할을 하면서, 첨단 산업을 견인하고 있다. 급속히 증가하고 있는 센서 기술에 대한 수요를 대비하는 건 미래를 준비하는 일이다.

이 책은 센서에 의한 기술 혁신을 설명하면서 아울러 센서를 통한 새로운 산업 창출의 길을 제시하고 있다. 학생이든, 연구원이든, 전문가이든 기술의 미래에 관심이 있는 분이라면 누구에게나 이 책을 추천한다.

— **김도연** 서울대학교 명예교수(전 포스텍 총장)

나스닥 상장 기준 시가총액 100조 원짜리 기업으로 가는 방법은 크게 두 가지다. '큰 시장'과 그 시장을 주도할 '기술력'. 한국의 경우 이 조건을 충족하는 것이 바로 반도체이며, 다른 산업으로의 확장도 반도체에서 시작된다.

이 책에는 다양한 분야의 전문가들을 통해 반도체에 대한 인사이트를 키우는 정보가 가득 담겨 있다. 특히 세계 반도체 시장에서 센서 기술의 중요성은 나날이 커지고 있다. 센서가 우리 생활 방식을 어떻게 바꾸는지, 미래는 센서를 통해 어떻게 구현되는지, 센서에 관한 모든 것을 알고 싶다면 이 책을 추천한다. 센서를 처음 접하는 사람에게 최고의 입문서가 될 것이다.

센서는 지금 이 시간에도 우리와 환경을 관찰하고 데이터화해 어딘가로 전송하고 있다. 그리고 이 데이터들은 산업이 되기도, 또 다른 기술이 되기도 한다. 산업을 주도하는 사람이 될 것인가, 관찰당하는 사람으로 남을 것인가. 자신의 선택에 달렸다.

— **양향자** 국회의원

4차 산업혁명 시대 '센서'는 '공기' 같은 존재다. 인간의, 자연의, 사물의 모든 활동이 센서와 연결되고 있지만 우리는 그동안 센서의 중요성을 간과하고 있었다. 이 책을 통해 독자들은 공기와 같은 센서에 눈을 뜨게 될 것이다. 이 책은 다양한 분야 전문가들이 그들의 시각에서 센서의 현재와 미래를 진단하고 있다. 사업가, 개발자, 공학도뿐만 아니라 우리 사회 변화에 눈뜨고 싶은 모든 사람들에게 이 책을 권한다.

— **강병준** 전자신문 대표

한 권의 책으로 누군가의 인생이 바뀐다는 것은 나에게도 예외는 아니었다. 비공대생이었던 나를 매료시킨 그 책은 바로 MIT 미디어랩에서 출판한 《비잉 디지털Being Digital》이었다. 이후 나는 수년 동안 그 연구소에서 디지털 기술로 바뀔 다가올 세상을 연구했다. 다양한 분야의 국내 전문가들이 쓴 이 책 《반도체 인사이트 센서 전쟁》은 반도체 산업의 경쟁력을 위해 세상을 바꿀 만한 디지털 일상과 사용자 경험을 통찰하고, 그 핵심에 있는 센서 기술을 이해하고 연구해야 할 필요성에 대해 알려준다. 이 한 권의 책으로 누군가의 인생이 바뀌어 세상과 인류를 위한 혁신적인 일에 참여할 수 있게 되기를 바라 본다.

— **이재철** 내셔널지오그래픽 아시아 대표(전 MIT 미디어랩 연구원)

반도체 기술은 4차 산업의 핵심요소 중 하나이며 초연결·초지능·초융합 시대로 예견되는 미래 사회에서 그 중요성이 더욱 대두될 것이다. 또한 반도체의 가치는 정보의 디지털화를 위한 센서 분야에서 보다 높아질 것이다.

이 책의 저자들은 각 분야에서 오랜 경험과 연구를 통해 터득한 지식을 바탕으로 반도체 센서의 개념부터 다양한 분야에서 활용되는 것까지 자세하게 소개하고 있다. 이 책은 많은 사람들이 반도체 센서의 미래가치를 이해하는 데 큰 도움이 될 것이다.

— **장일홍** 한국열린사이버대학교 총장

인류의 역사는 여러 관점에서 바라볼 수 있다. 재료의 측면에서 보면 석기, 청동기, 철기 시대와 같이 구분할 수 있는 반면, 정치적 측면에서는 씨족, 부족, 국가와 같은 발전 양상을 특질로 잡을 수 있다. 조금 엉뚱한 관점에서 바라보면 어떨까. 바로, 인류가 욕망을 확대하고 충족시키기 위해 세상을 측정하고 인식하는 능력을 발전시키는 과정으로 보는 것이다. 세상을 측정하는 도구를 통틀어 센서라고 하는데 측정의 관점에서 보면 인류의 역사는 센서 발전의 역사가 된다.

　기술의 발전은 인간이 보지 못하던 것들을 보게 해 주었다. 제임스 웹 망원경은 우주 태초의 빛을 잡아냈고, 공기 측정기는 공기 속에 들어 있는 산소와 질소의 구성비는 물론, 바이러스의 종류까지 밝혀낸다. 또한 기원전 2,500년 미라의 제조에 쓰인 재료가 무엇인지 알아내고 원자 속에서 부서지는 미립자의 개수와 이동 경로도 추적할 수 있다. 불과 100년 전만 해도 상상도 못할 일이다. 이런 일들을 다 센서가 한다.

개인의 활동이 다양해지고 사회가 복잡해질수록 센서의 활용이 늘어난다. 세계 반도체 센서 시장 규모는 2023년 2,800억 달러에서 2050년에는 8조 달러로 크게 늘어날 것으로 예측된다. 반면, 센서를 제외한 반도체 시장은 2023년 3,000억 달러에서 2050년 2조 달러로 증가할 것으로 보인다. 센서 시장의 성장세가 반도체 시장의 성장세보다 다섯 배 이상 크다. 기업들이 센서에 주목하는 이유다.

그럼에도 불구하고 국내 산업계는 센서의 중요성에 대해 잘 인식하지 못하고 있다. 센서의 기술적인 내용도 그렇지만 사회경제적 측면에 대한 인식도 부족한 것이 사실이다. 그런 까닭에 센서에 대해 식견을 갖춘 산·학·연·관 전문가들의 입을 빌려 현장에서 체감하는 센서 기술의 중요성과 혁신에 대한 이야기를 들어보면 좋을 것 같다는 생각을 하며 이 책을 기획하고 엮었다. 다행히 이 생각에 뜻을 같이해 주시는 분들이 계셨고, 그분들 덕에 이 책이 세상의 빛을 볼 수 있게 됐다.

저자들을 초빙하고 집필을 이끌고 나가는 데는 고려대학교 주병권 교수님께서 전적으로 수고해 주셨다. 주 교수님의 헌신이 없었다면 이 책은 글자 하나 없는 종이로 남았을 것이다. 각자 맡은 분야에 대해 전문적인 식견으로 집필해 주신 모든 저자분들께도 깊은 감사의 말씀을 전한다. 각 분야에서 책 한 권 분량을 쓰셔도 충분할 만큼의 전문성과 역량을 갖추신 분들께서 가장 집약적인 내용으로 쉽게 풀어 쓰시느라 마음고생도 많으셨으리라 생각된다.

이 책은 반도체 센서를 화두로 구성됐지만 하나의 주체에 천착하지는 않는다. 센서가 무엇이고 어떻게 쓰이고 있으며 앞으로 어떤 모습으로 변해 나갈 것인지를 다양한 분야와 관점에서 기술했다. 독자들이 책을 읽으면서 센서의 세계에 입문하고 삶에서 센서가 위치한 좌표를 인지함과 동시에 앞으로 센서가 밝혀 줄 미래를 한번쯤 고찰해 본다면 책을 만든 소기의 성과는 거둔 것이리라 생각된다.

센서는 나와 세상이 관계 맺는 방식이다. 센서는 단순한 기술 그 이상이다. 거기에는 인간의 본원적 욕망이 녹아 있다. 센서는 세상을 측정해서 삶을 구성하는 요소들, 즉 사고와 제도 그리고 상품의 형태로 변화한다. 그것이 숨 쉬듯 자연스럽게 일어나는 사회가 바로 센서 사회다. 센서 사회는 이미 시작됐다. 앞으로 만개할 센서 사회를 대비해 이제부터라도 준비를 해야 한다. 이 책이 그 시발점이 됐으면 하는 바람이다.

끝으로 이 책이 나오기까지 실무적으로 뒷받침해 주신 한국반도체산업협회 첨단센서실의 유승진 실장과 이동은 PM께도 감사의 말을 전한다.

이창한 한국반도체산업협회 부회장

목차 __

chapter
1

반도체 센서란 무엇인가

• 주병권 고려대학교 전기전자공학부 교수

chapter 6

전기자동차부터 에어택시까지

• 서성현 국립한밭대학교 기계공학과 교수

chapter 7

치료에서 예방으로, 바이오 센서

• 김상효 (주)필메디 대표이사

반도체 센서란 무엇인가

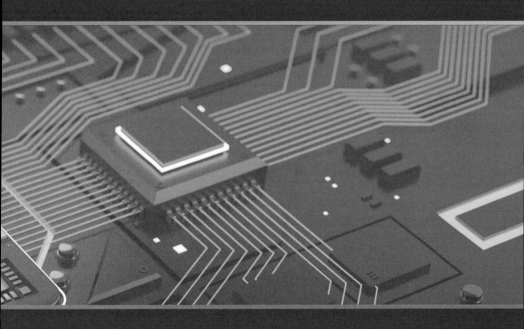

주 병 권

한국주도형 K-센서 기술개발사업 총괄책임자, 고려대학교 전기전자공학부 교수

1995년 고려대학교 공학박사. 2005년까지 KIST에서 근무했으며, 2005년부터 현재까지 고려대학교 전기전자공학부에서 학생들을 가르치고 있다. 2022년부터는 한국주도형 K-센서 기술개발사업 총괄책임자로서, 한국센서산업의 도약과 약진을 위해 활동 중이다.

1960년대 이전에는 센서라는 말 대신 디텍터, 즉 검출기라는 용어를 사용했다. 검출기는 쉽게 말하면, 온도·빛·전류 등의 물리적 입력값을 숫자나 그림과 같이 정량적인 값으로 출력해 주는 것으로, 가장 쉬운 예로는 전압계·전류계 등을 떠올릴 수 있다. 1960년대 이후 산업과 기술이 발전함에 따라 검출기가 다룰 수 있는 신호들이 급속도로 증가했고, 여기에 반도체 기술이 접목되면서 그 종류와 사용량이 급격히 확산됐다. 이때 등장한 전자 소자가 바로 반도체 센서다.

미래 산업에 있어 가장 큰 화두는 누가 뭐래도 반도체다. 그중에서도 데이터의 관문이라 불리는 반도체 센서 시장의 규모는 현재 2,000억 달러를 넘어섰고, 2050년까지 지금의 40배에 달하는 8조 달러에 이를 것으로 전망된다. 여기 몇 페이지 안에 반도체 센서에 대해 모두 담아내기는 어렵겠지만 미래 산업의 주역이 될 반도체의 센서 기술에 대해 가능한 한 쉽게 풀어 이야기해 보려 한다.

센서, 감각을 인식하는 기술

사랑을 고백받는 순간을 떠올려 보자. 사랑하는 이가 다가온다. 눈을 맞추고(시각), 손을 잡고(촉각), 사랑을 고백한다(청각). 입맞춤은 달콤하고(미각), 그 향기는 청량하다(후각).

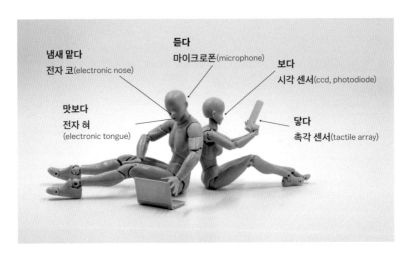

오감과 센서

인간은 시각, 촉각, 청각, 미각, 후각 이렇게 다섯 개의 센서sensor 를 갖고 있다. 쉽게 말해 반도체 센서는 이런 인간의 감각을 실현시키는 것으로부터 시작됐다. 반도체를 통해 시각은 이미지 센서, 촉각은 터치 센서, 청각은 마이크로폰, 미각은 전자 혀, 후각은 가스 센서나 전자 코로 재탄생한 셈이다. 그렇다면 사랑도 센서로 측정할 수 있을까? 어떤 과학자는 심장박동과 체온 변화 등을 감지해 사랑을 추측하는 사랑 센서도 연구 중이라고 한다. 뿐만 아니라 무서울 때 소름이 돋고(피부의 형상 변화), 땀이 난다(습도 변화)는 성질을 이용해 두려움을 측정하는 공포 센서도 연구 중이다.

1960년대 이전에는 센서라는 말 대신 디텍터detector, 즉 검출기라는 용어를 사용했다. 검출기는 쉽게 말하면, 온도·빛·전류 등의 물리적 입력값을 숫자나 그림과 같이 정량적인 값으로 출력해 주는 것으로,

센서부	제어부	작동부

열감지   신호 전송   스프링클러 작동   물 뿌림

센서와 액추에이터의 연결

가장 쉬운 예로는 전압계·전류계 등을 떠올릴 수 있다. 1960년대 이후 산업과 기술이 발전함에 따라 검출기가 다룰 수 있는 신호들이 급속도로 증가했고, 여기에 반도체 기술이 접목되면서 그 종류와 사용량이 급격히 확산됐다. 이때 등장한 전자 소자가 바로 반도체 센서다. 센서에 신호처리, 통신, 전력 공급부 등이 연결되면 이를 '센서 모듈'이라고 한다.

초기 센서는 측정만을 담당했다. 관심 있는 신호를 감지해 이 값을 정보 디스플레이나 기록계, 혹은 다른 형태의 데이터로 전달해 우리에게 알려 준 것이다. 그리고 이후에 측정된 신호들을 조사, 분석하고 이를 토대로 다시 작동기인 액추에이터actuator를 가동시키도록 발전돼 간다.

화재가 났다고 가정해 보자. 온도 센서 또는 연기 센서가 불꽃을 감지하고, 이 데이터를 제어장치로 보내 스프링클러sprinkler를 작동시켜 불을 끈다. 이때 스프링클러가 곧 액추에이터인 셈이다.

이러한 과정을 거쳐 계측 제어 시스템이라고 하는 폐閉루프 제어 시스템closed loop system이 작동하게 된다. 계측 제어 시스템은 다양한 신호를 감지하고 이를 분석해 신호에 대응하는 행동을 유도하는 시스템으로, 중간 피드백 반영 없이 초기 입력값대로 작동하는 개開루프 제어 시스템open loop system과 구별된다.

이런 계측 제어 시스템은 일상에서, 산업 현장에서, 그 밖의 다양한 환경에서 필요한 신호를 감지하고, 측정·분석·처리해 상황에 맞는 기기들을 작동시킴으로써 생활의 질을 더욱 편리한 방법으로 향상시키고 있다. 반도체 센서를 활용한 계측 제어 시스템의 완성도가 높아질수록 집은 점점 똑똑해지고(스마트홈), 자동차는 더욱 안전하고 편리해지며(스마트카), 생산 현장에서의 작업자의 위험성은 줄어든다(스마트 팩토리). 4차 산업혁명 시대에 일자리 감소를 걱정하는 시선들도 없지 않지만, 효율이 높아짐에 따라 여가시간이 늘면서 그동안 누리지 못했던 취미와 예술 활동을 즐길 수 있게 될 것이다.

앞에서 우리는 두 가지 핵심 용어에 대해 살펴봤다. 바로 '센서'와 '액추에이터'다. 정리하면 센서는 주로 입력부에 존재하고, 액추에이터는 출력부에 해당한다고 할 수 있다. 센서는 신호를 감지하고 액추에이터는 이 신호에 따라 필요한 동작을 한다. 센서든 액추에이터든 하나의 신호를 다른 신호로 바꿔 준다는 면에서는 동일하다. 다만 센서의 경우 데이터를 장치들이 읽을 수 있는 형태로 전송하려면 감지된 신호를 전기적 신호로 변환해야 한다. 반대로 액추에이터는 센서가 보내는 전기적 신호를 받아 이를 필요한 다른 신호로 변환시키는 것이다. 따라서 센서와 액추에이터 둘을 묶어 변환기transducer라고 한다. 용어 그대로 신호를 변환한다는 의미다.

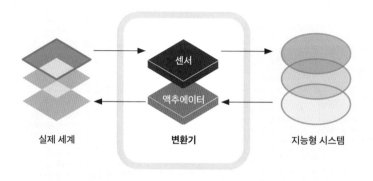

변환기인 센서와 액추에이터

예를 들어 누군가 말을 했을 때, 음성 신호를 보내면 이를 전기 신호로 바꿔 주는 변환기인 마이크로폰은 센서다. 이 전기 신호들은 전파를 타고 어딘가로 보내져서 다시 음성 신호로 바뀌어 누군가 들을 수 있는 소리로 출력되는데 이때 변환기는 스피커, 즉 액추에이터다.

신호 간 변환에는 다양한 원리가 사용된다. 우선 자기장은 자기장에 의해 신축이 일어나는 자기 변형magnetostriction 효과로 기계적인 진동을 만들고, 기계적인 진동은 압전piezo-electric 효과에 의해 전기에너지로 전환돼 전압을 발생시키며, 전압은 에너지원이 되어 다시 자기장을 유도한다. 센서와 액추에이터는 모두 이런 과정으로 만들어져 고유의 역할을 한다.

센서는 변환기에 속하지만 센서 안에 내부적으로 별도의 변환 기능도 갖고 있다. 측정하고자 하는 신호를 단번에 전기 신호로 바꿀 수 없을 경우 센서 내부에서 두 번의 변환 과정을 거치게 된다. 예를 들

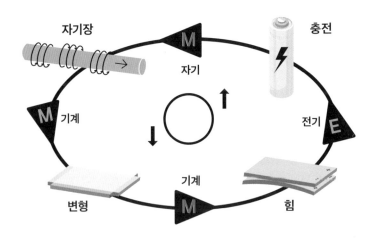

신호(에너지)의 변환

어, 이산화탄소 농도 측정기의 원리를 살펴보자. 이산화탄소 분자는 특정 영역의 적외선을 흡수하는 특성이 있다. 따라서 적외선 흡수량의 변화를 통해 이산화탄소의 농도를 측정할 수 있다. 이 과정에서 수신부인 광다이오드에 도달하는 적외선의 변화가 출력되는 전기 신호의 변화를 유도하는데, 이산화탄소의 농도가 적외선의 세기를 바꾸고, 변환된 적외선이 다시 전기 신호의 출력을 바꾸는 두 번의 변환이 생기게 된다. 변환기가 센서 내부에 있건 외부에 있건, 측정하고자 하는 신호를 전기 신호로 출력하는 것이므로 센서의 정의에는 변화가 없다.

우리가 늘 곁에 두는 스마트폰만 보더라도 사진 촬영을 위한 카메라 센서, 말하고 들을 수 있는 마이크로폰과 스피커, 화면을 움직이거나 신호를 넣을 수 있는 터치 센서 등이 있는데 이들이 바로 센서와 액추에이터들이다. 스마트폰에 신호를 넣어 멀리 있는 집의 문을 개폐하는 스마트홈 기능과, 공장 굴뚝에서 뿜어져 나오는 연기 성분을 측정해 이산화질소와 같은 유해 성분들을 감지, 신고해 환경 정화에 기여하는 것 역시 센서와 액추에이터들이 있기에 가능하다.

센서의 다양한 분류

신호의 종류는 실로 다양하고, 개개의 신호를 감지하기 위한 감지 원리와 센서 소재, 응용 또한 다양하기 때문에 센서의 수와 종류는 무궁무진할 수밖에 없다. 이런 센서를 제대로 이해하기 위해서는 체계적인 분류가 필요하며, 무엇을 기준으로 두느냐에 따라 다양한 분류가 가능하다.

먼저 감지 원리, 즉 신호 변환 현상에 따라 분류해 보자. 이는 어떤 물리·화학·기계적 변화를 전기적 특성으로 도출해 내느냐에 따른 분류인데, 온도 차이를 전기로 변환하는 열전thermoelectric, Seebeck 효과, 빛을 전기로 바꾸는 광전photoelectric 효과, 물체에 가해지는 압력이 저항값을 바꾸는 압저항piezoresistance 효과나 전압을 유도하는 압전 효과, 열이 저항 변화를 일으키는 초전pyroelectric 효과, 자기장에 의해 전기적 저항이 변화하는 자기 변형 효과, 자기장 안 고체에 전류를 흘렸을 때 전류 편향으로 인해 전기장이 나타나는 홀hall 효과 등으로 나눌 수 있다.

열	——— 열전 효과 ———	
빛	——— 광전 효과 ———	
힘	——— 압전 효과 ———	전기
화학 반응	——— 전기화학 효과 ———	
온도 변화	——— 초전 효과 ———	

감지 원리에 따른 분류

　뿐만 아니라 감지하고자 하는 신호원에 따라 분류할 수도 있다. 관심 있는 신호, 측정하고자 하는 신호원들은 다양하지만 크게 그룹별로 구분해 보면, 음향acoustic, 생물학biological과 화학chemical, 전기electric, 자기magnetic, 기계mechanical, 광학optical, 방사radiation, 열thermal, 그리고 점도viscosity 등으로 나눌 수 있다. 물론 각 그룹 안에는 보다 세부적인 신호원들이 있다. 예를 들어, 전기 신호 그룹 내에는 전하, 전류, 전위나 전압, 전도도, 유전율, 주파수, 정전용량 등이 있고, 기계 신호 그룹에는 변위, 가속도와 각속도, 힘이나 압력, 진동 등이 포함된다.

　뿐만 아니라 금속, 금속 산화물, 반도체, 세라믹, 고분자 같은 유전체와 복합 재료 등 감지 재료에 따라서도 분류가 가능하며, 센서의 작동 방법이나 구조나 구성, 그리고 응용 분야에 따라서도 분류할 수 있다.

　센서 작동 방법에 따라서는 센서 자체에 별도의 신호원 없이 센서 외부 신호원으로부터 에너지를 받아 작동하는 수동형passive-type

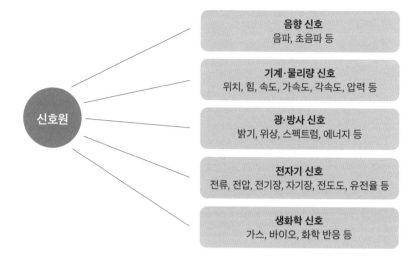

<table>
</table>

음향 신호 음파, 초음파 등
기계·물리량 신호 위치, 힘, 속도, 가속도, 각속도, 압력 등
광·방사 신호 밝기, 위상, 스펙트럼, 에너지 등
전자기 신호 전류, 전압, 전기장, 자기장, 전도도, 유전율 등
생화학 신호 가스, 바이오, 화학 반응 등

신호원

신호원에 따른 분류

과, 센서 자체에서 신호를 생산, 이를 측정에 활용하는 방식인 능동형 active-type으로 구분할 수 있다. 예를 들어, 카메라 영상 센서에서 햇빛이 피사체에 반사돼 들어오는 것은 수동형이고, 부족한 빛을 보완하기 위해 플래시를 이용하는 것을 능동형이라고 한다. 레이저나 빛을 이용한 비행 시간ToF, Time of Flight 센서처럼 별도의 신호원이 있으면 능동형인 것이다. 수동형 센서는 별도의 에너지원을 필요로 하지 않으며 입력 신호에 대한 응답만으로 전기적인 출력 신호가 얻어진다. 열전대thermocouple나 광다이오드, 그리고 압전 센서 등이 이에 해당된다. 반면 능동형 센서는 입력 신호를 생성하거나 혹은 키우기 위해 별도의 에너지원을 필요로 한다. 이 경우에는 신호원이 약하더라도 감지할 수 있으며, 대신 출력 신호의 보정이 필요한 경우가 종종 있다.

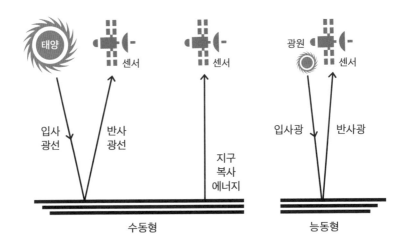

센서 작동 방법에 따른 분류

전원이 있어야만 작동하는 변형률 센서strain gauge, 혹은 별도의 광원을 내장한 광 센서 모듈 등도 능동형 센서다.

신호원이 어디에 존재하느냐에 따라 시스템이나 몸체 안에 존재하는 내부 상태internal state, proprioception, 신호원이 센서에서 떨어져 외부에 존재하는 외부 상태external state, exteroception로 구분하기도 하고, 센서의 감지부가 신호원에 닿는지 여부에 따라 접촉식과 비접촉식으로도 구분한다.

수요자의 입장에서 용도별로 분류하는 것도 가능하다. 신호원 혹은 감지하고자 하는 신호에 따른 분류가 용도별 분류와 매칭되기도 하지만 용도별 분류는 보다 일반적이고 광의의 개념을 포함한다. 즉, 가전용, 산업용, 운송용, 환경용, 안전용, 건강 및 의료용, 군수용 등과 같이 응용 영역을 수요자의 입장에서 보다 넓게 구분한 것이다.

미래형 첨단 센서의 새로운 이름

최신 및 미래형 센서들의 상당 부분은 초소형 정밀 기계 기술MEMS, Micro Electro Mechanical System 기반의 가공 공정과 집적회로 공정을 통해 주로 실리콘 웨이퍼wafer(집적회로를 만드는 얇은 판)를 비롯한 반도체 기판 위에 만들어진다. 이는 웨이퍼 레벨의 일괄 공정 후 절단 과정을 통해 센서 칩이 되기 때문에 소형이고(micro-), 하나의 칩, 혹은 하나의 패키지 안에 온도와 습도, 가속도와 각속도 등과 같이 상호 연관성 있는 여러 센서들을 넣을 수 있으며(multi-), 연관 센서들 간 데이터를 공유함으로써 더욱 가치 있는 데이터들로 가공(fused-)될 뿐 아니라, 센서 칩이나 단일 패키지 안에 집적회로들을 설치함으로써 신호 처리와 분석을 통해 스스로 생각하고 판단하는 기능이 더해지고 (smart-, intelligent-), 궁극적으로 센서 간 연결은 물론 데이터 전송까지 가능해진다(connected-).

이와 같이 센서들이 점차 작아지고, 여러 신호의 동시 측정이 가능하며, 회로를 통해 각각의 센서 데이터들이 변환, 전송까지 될 수 있는 것은 반도체 공정과 MEMS 공정을 병용해 웨이퍼 위에 센서와 회로들을 일괄, 대량 생산할 수 있게 되었기 때문이다(integrated-). 따라서 실리콘 웨이퍼에 제작된 MEMS형 센서에는 초소형, 복합화, 지능

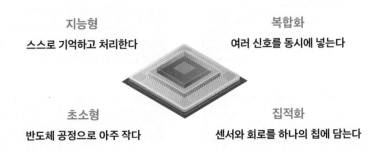

지능형
스스로 기억하고 처리한다

복합화
여러 신호를 동시에 넣는다

초소형
반도체 공정으로 아주 작다

집적화
센서와 회로를 하나의 칩에 담는다

첨단 센서의 다양한 이름들

형, 그리고 집적화라는 형용사들이 붙어 새롭고 신선한 이름들로 만들어지고 있다.

마이크로 센서, 즉 초소형 센서란 칩의 크기가 1mm, 혹은 그 이하로 웨이퍼 위에 반도체 공정으로 만들어진 센서다. 이는 MEMS의 장점들, 즉 성능, 소비 전력, 가격에서의 유리한 점들을 그대로 지니고 있는 첨단 센서로, 특히 소자 감지부의 크기가 매우 작고 가벼워짐에 따라 감도가 높고 소비 전력은 낮은 특성을 갖는다. 칩의 면적이 작으므로 센서의 여유분까지 만들 수 있어서 좋은 여유도redundancy를 가질 수 있을 뿐 아니라 이에 따라 시스템도 소형화돼 이동성이 좋아지고, 화학이나 혈액 성분 등을 분석할 때 샘플의 사용량이나 크기도 급격히 줄일 수 있다. 또한 작은 칩 안에 상호 연관성 있는 여러 종류의 센서들을 함께 넣을 수도 있고, 여러 개의 센서 칩들을 한 패키지에 내장할 수도 있기 때문에 센서의 복합화가 가능하다. 특히 스마트폰과 같은 모바일 기기나 체내에 삽입하는 센서들은 여러 유관 신호들을 감지한다. 모바일 기기나 드론, 무인 비행체에 필수적인 움직임 추적 센서 모듈의 경우, 움직임 감지를 위한 직선 가속도, 각속도 센서들, 나침반용 자기장 센서, 그리고 고도 측정을 위한 기압 센서들이 함께 집적화돼 복합화 센서를 이룸으로써 움직임의 완전한 측정과 분석이 가능해진다.

지능형 센서는 센서와 함께 회로들이 만들어져서 신호의 변환이나 처리 등을 할 수 있고, 이에 더해 각 센서가 데이터 융합fusion, 외부 환경과의 연계를 통한 자율 학습 및 보정, 진단 기능까지도 가능하다. 예를 들어, 센서에 의해 감지된 신호가 전기 신호로 바뀐 다음, 신호 처리 회로와 아날로그-디지털 변환 회로를 거쳐 마이크로 컨트롤러로 전달돼 다양하게 처리 및 해석된 신호나 명령이 다시 통신부를 통해 전송되는 형태다. 이런 센서나 센서 모듈에는 '지능형'이라는 수식어를 붙인다.

이때 MEMS 센서부와 주문형 반도체ASIC, Application Specific Integrated Circuit 회로부는 하나의 칩이나 단일 패키지로 구성되는 것이 좋은데, 이를 위해서는 센서의 집적화가 필수다. 즉, 센서와 일체화 혹은 이웃화되어 센서를 지원하는 회로부가 집적화돼 함께 설치되어야 한다. 집적화는 칩의 소형화, 다기능화를 위해서도 필요하지만 센서로부터 회로까지의 거리가 짧을수록 잡음이 끼어들 여지가 줄어들기 때문에 집적화 센서는 신호 대 잡음비도 향상시킬 수 있다. 다만 센서와 회로를 하나의 칩으로 할지, 혹은 두 개의 칩으로 만든 후 단일 패키지로 갈지 여부는 성능과 제조 공정의 난이도, 생산 가격까지 고려한 종합

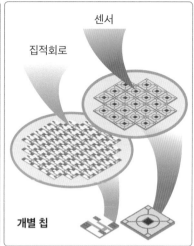

지능형 센서의 단일 칩과 개별 칩

적인 판단을 필요로 한다. 최근 기하학적으로 3차원 구조와 모양을 갖는 집적화 센서들이 연구 개발되고 있다는 점도 흥미롭다.

반도체 센서 용어의 이해

지금까지 센서가 무엇인지에 대해서는 어렴풋이나마 이해했을 것이다. 필요에 의해 센서를 구입했다면 그 사용법 역시 매뉴얼을 통해 쉽게 습득할 수 있다. 하지만 매뉴얼에는 사용법 외에도 센서의 성능과 수명, 사용 환경 등 특징들이 상세히 명시돼 있다. 감도와 직선성, 분해능, 정도와 확도, 응답 속도, 신호 대 잡음비, 선택도 등 센서의 자기 소개서가 그 안에 담겨 있는 셈이다. 다소 어렵게 느껴질 수 있겠지만 이 용어들을 제대로 알고 보면 센서를 더욱 잘 활용할 수 있기에 지금부터는 주요 항목들의 정의와 의미를 알아보려 한다.

일반적으로 센서의 입력 신호와 출력 신호 사이에는 함수적 관계가 성립한다. 이런 관계는 표나 그래프, 그리고 방정식으로 얻어지며 이를 전달 함수transfer function라고 한다. 이때 입력은 독립 변수, 출력은 종속 변수가 된다. $S=f(s)$에서 이상적인 전달 함수로는 직선성을 유지하는 1차 함수인 $S=ms+C$(여기서 m은 기울기, C는 상수)가 바람직하고, C=0일 경우가 최선이다. 다만 대부분의 센서에서는 2차 혹은 그 이상의 함수로 표현되기 때문에 이를 개선하기 위해 보정 혹은 허용 오차 범위 안에서 조정 등을 하게 된다. 전달 함수의 영역 기울기에 해당하는 감도sensitivity는 센서가 느낄 수 있는 민감성을 의미하며 입력 대비 출력의 비율을 나타낸다. 더 넓은 의미로는 인지할 수 있을 정도의 출력을 만들어 내는 최소 입력값이라고 할 수 있다. 입출력 함수(전달 함수)가 비직선적일 경우에는 미소분, 즉 특정 입력값에서의 기울기로 감도를 표현하기도 한다.

감도 오차는 센서의 입출력 특성의 기울기가 이상적인 감도, 즉 직선 영역에서 벗어나는 정도를 의미한다. 이는 주로 온도를 비롯한 사용 환경의 변화가 원인이지만, 다른 영향들이 작용하기도 한다. 오프셋(영점 변동)은 입력이 인가되지 않을 때도 나타날 수 있는 출력값이다. 감도 변동과 영점 변동이 함께 발생하면 감도 오차는 더욱 커진다.

직선성linearity(선형성)은 센서의 특성 곡선이 센서 데이터로부터 피

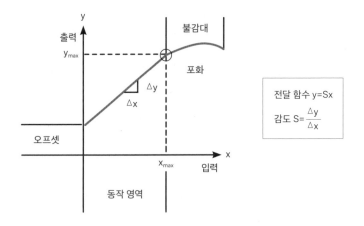

전달 함수와 감도, 동작 영역

팅한 이상적인 직선으로부터 벗어난 정도를 의미하며 실제로는 비직선성non-linearity으로 표시한다. 출력 범위에 대해 최대 편차의 백분율로 나타내며, 입력과 출력으로 구분하기도 한다. 즉, 출력에 대한 비직선성의 경우 '(최대 출력 편차/정격 출력)×100%', 입력에 있어서는 '(최대 입력 편차/정격 입력)×100%'다. 일반적으로 센서의 동작 범위는 직선성이 유지되는 구간이다. 입력 동작 범위와 출력 동작 범위, 혹은 스팬span이나 최대 정격 출력FSO, Full Scale Output 등으로 표현하기도 한다. 정격 입력과 정격 출력으로도 나타낼 수 있다.

센서의 입출력 특성에서 직선성이 끝나는 점이 바로 포화다. 센서는 저마다 동작 영역이 있다. 그리고 이 영역 밖에서는 센서의 출력이 입력에 적절히 반응하지 못하는 문제가 있다. 이는 불감대dead band로도 표현할 수 있는데, 특히 입력이 증가했다가 일정 지점에서부터 직

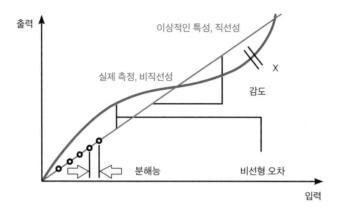

직선성과 비선형 오차, 분해능의 상관관계

선성을 잃으면서 입력에 대한 출력의 변화가 완만해지며 줄어드는 현상을 포화라고 하고, 이 영역을 포화 영역이라고 한다. 직선이 곡선으로 갑자기 변화하지는 않으므로 포화 지점을 정확히 정의하기는 어렵고, 대신 5%의 비직선성에 이르는 지점부터 포화 영역으로 정의하는 등의 방법을 쓰고 있다. 불감대는 포화로부터 시작되는 센서가 측정할 수 없는 입력의 대역이다. 예를 들어, 어떤 압력 센서가 측정 가능한 압력의 문턱치가 4Pa이라면 0~4Pa 영역은 불감대에 해당한다. 입력에 대해 출력이 나타나지 않는 영역, 혹은 포화 영역처럼 입력 변화에 대해 출력이 변화하지 않는 영역 등이 바로 불감대다.

센서의 분해능resolution이란 센서가 검출할 수 있는 최소 입력 증분 smallest increment을 말한다. 예를 들어, 보통의 30cm 자는 1mm까지 확인할 수 있다. 하지만 1mm보다 작은 길이는 정확하게 측정하기 어

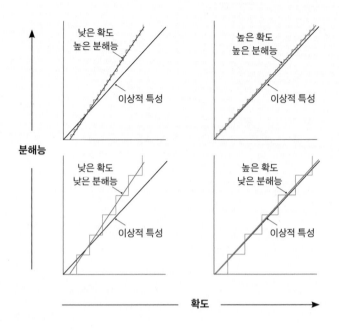

분해능과 확도

럽다. 이때 30cm 자의 분해능은 1mm라고 할 수 있으며 검출할 수 있는 최소 입력 증분 역시 1mm다. 이와 같이 입력 신호값이 너무 작아서 센서 내에서 흡수되거나 혹은 전달이 되더라도 잡음보다 작은 값일 경우에는 출력 신호를 얻을 수 없다. 따라서 분해능이 작을수록 센서의 감도는 우수하다고 할 수 있다. 아날로그 센서의 경우 0.1%/FSFull Scale로 나타내고, 디지털 센서의 경우 비트로 정해진다. 즉, 12비트일 경우, 분해능은 $1/2^{12}=1/4095=0.024\%/$FS에 해당한다.

정확도란 정도precision와 확도accuracy를 말한다. 정도는 센서를 통

낮은 확도   낮은 확도   높은 확도   높은 확도
낮은 정도   높은 정도   낮은 정도   높은 정도

확도와 정도

한 측정의 반복성과 재현성의 척도다. 반복성repeatability은 동일 신호를 동일 조건(환경, 측정자 등)에서 동일 방법으로 단기간에 연속적으로 측정했을 때 측정값들의 일치 정도를 의미하며, 단위는 주로 %/FS를 사용한다. 즉, '($\triangle$/FS)×100%'로 얻어진다. 재현성reproducibility은 동일 신호를 동일 방법으로 장기간 측정하거나 혹은 다른 방법, 즉 다른 환경, 실험실에서 다른 측정자가 측정하였을 때 측정값들이 벗어나는 정도를 나타낸다. 재현성을 향상시키기 위해서는 주기적인 검사나 교정, 보수 등이 필요하다.

　반면 확도는 센서 출력이 참값true value에 가까운 정도를 나타내며, 실제로는 부정확도inaccuracy 혹은 오차로 표시한다. 즉, 참값과 측정값 사이의 최대 편차를 FSO에 대한 백분율로 나타낸다. 예를 들어, 정격 입력이 100kPa, 정격 출력이 10Ω인 압력 센서의 경우 확도는 ±500Pa와 ±0.05Ω, 혹은 ±0.5%처럼 절대 오차나 상대 오차로 표현할 수 있다. 정도와 확도, 둘 다 우수하다면 더할 나위가 없겠지만 그렇지 못할 경우 사용자의 사용 목적에 따라 선택을 달리하게 된다.

히스테리시스hysteresis는 입력 신호를 증가시켜 가면서, 또는 반대로 감소시켜 가면서 측정했을 때 센서의 출력이 같지 않은 현상, 즉 입출력 고선의 진행 방향에 따라 같은 입력 신호일지라도 출력값이 달라지는 현상을 말한다. 그리고 이는 동일 신호에서 측정의 차이가 가장 크게 나는 값을 분자로 하고, FSO 범위를 분모로 한 백분율로 얻어진다.

동특성과 정특성도 있다. 동특성은 입력이 시간에 따라 변할 때, 정특성은 변하지 않을 때의 특성을 말하는데, 현실적으로 동특성과 정특성은 따로라기보다는 연이어 존재한다. 즉, 센서의 입력값이 바뀔 때 동특성을 먼저 겪고, 입력이 안정화되면 정특성으로 넘어가는 것

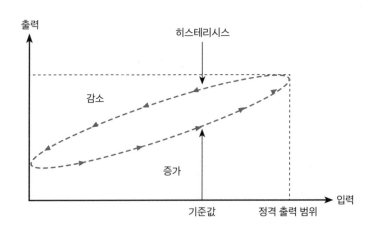

히스테리시스

이다. 따라서 과도 영역에서의 응답 특성인 동특성에 주로 주목한다. 상승 시간rise time과 하강 시간fall time(혹은 감쇠 시간decay time)은 각각 입력의 10%에서 90%, 그리고 출력의 90%에서 10%에 이르는 동안 걸리는 시간을 의미한다. 이는 시정수time constant로 정의하기도 하는데, 입력 혹은 출력에 있어서 최종값의 '1-1/e~63.2%'에 이르기까지 걸리는 시간으로 정의된다. 이들을 통틀어 응답 시간response time으로 표현하기도 한다.

잡음noise은 원하지 않는 불규칙한 신호를 말한다. 이는 센서 소자 자체나 신호 처리용 회로, 혹은 센서가 작동하는 주위 환경 등 다양한 요소들로부터 발생하며, 근본적으로 축소나 제거가 어려운 것들도 있다. 이런 잡음이 신호를 묻어 버리거나 잡음에 대한 응답이 신호보다 커 버리면 센서로서의 동작이 어렵게 된다. 즉, 센서 출력에서 잡음에 대한 신호의 비율이 신호 대 잡음비SN비, Signal-to-Noise Ratio이며,

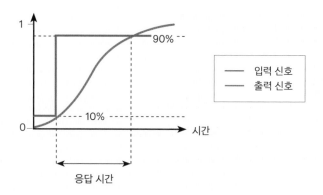

신호별 응답 특성

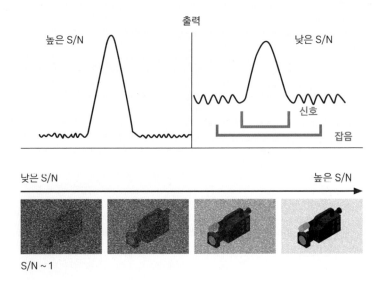

출력

높은 S/N

낮은 S/N

신호

잡음

낮은 S/N

높은 S/N

S/N ~ 1

신호 대 잡음비

당연히 이 값이 높을수록 신호의 품질이 우수하다. 일례로 영상 센서의 경우, 잡음이 신호와 같아지면 영상을 구별할 수 없게 되고, 신호 대 잡음비가 높을수록 더욱 선명한 영상을 얻을 수 있다는 뜻이다. 신호 대 잡음비를 증가시키기 위해서는 신호를 높이거나 잡음을 낮춰야 하는데, 이를 위해서는 센서로부터 회로까지의 신호 전송 거리를 줄이고, 필터를 사용하는 등의 방법이 있으며, 기본적으로 아날로그 방식보다는 디지털 방식이 유리하다.

연관되는 특성으로 선택도selectivity는 센서에 입력되는 여러 신호원 중 원하는 신호만 선별해 감지할 수 있는 능력이다. 원치 않는 신호들을 잡음이라고 한다면, 여러 잡음들과 신호가 섞여 있을 때 신호

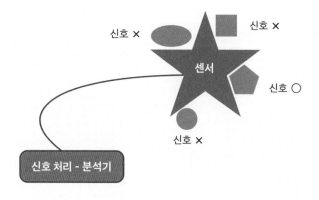

선택도

만 정확히 추출, 측정할 수 있는 능력이라 할 수 있다. 선택도에 특별한 단위는 없다. 다만 잡음에 비해 몇 배로 높은 출력 신호를 가지는지를 표시할 뿐이다. 예를 들어, 선택도가 2,500이라면 잡음으로 인한 출력에 비해 신호의 출력이 2,500배 높다는 의미다. 여러 종류의 기체들이 섞여 있을 때 특정한 하나의 기체만을 감지하기 위해서는 높은 선택도가 필요하다.

지금까지 반도체 센서는 무엇이고, 어떻게 분류되고, 어떤 명칭이 붙으며, 그 특징과 성능을 나타내는 용어들과 의미에 대해 살펴보았다. 이것만으로도 기술 잡지나 산업 뉴스에서 반도체 센서 관련 내용을 이해하기에는 무리가 없을 것이다. 나아가 앞으로 전개될 반도체 센서 이야기를 이해하기 위한 배경지식으로도 충분할 것이다.

운동 및 관성 센서를 적용한 모션 트래킹 센서 모듈은 모바일 폰을 거쳐 웨어러블 기기, 나아가 무인 자동차, 드론, 에어 택시 등 스마트 모빌리티에서의 핵심 기기로 자리매김하고 있다. 뿐만 아니라 환경 계측과 바이오 메디컬 센서를 통한 미래형 의료 지원, 더욱 똑똑해진 스마트홈, 스마트카, 스마트팩토리, 스마트에너지 등등으로 기대되는 4차 산업혁명에 있어 반도체가 갖는 핵심 역할과 의미는 지금의 상상력으로도 따라잡기가 비거울 정도다. 반도체 센서를 통해 펼쳐질 미래 세계의 무한한 가능성을 기대해 본다.

SUMMARY

- 센서는 감각을 인지하는 기술로, 주변의 온도, 빛, 전류 등의 물리적 신호를 전기적 신호로 변환하는 변환기다.
- 액추에이터는 센서의 전기적 신호를 받아 이를 분석해 필요한 동작을 하는 작동기다.
- 센서는 무엇을 기준으로 하느냐에 따라 다양한 분류가 가능하며, 대표적으로는 감지 원리에 따른 분류, 신호원에 따른 분류, 센서 작동 방법에 따른 분류 등이 있다.
- 미래형 첨단 센서의 대표적인 특징은 초소형화, 복합화, 집적화, 지능화다.
- 분해능은 센서가 검출할 수 있는 최소 입력 단위다.
- 정확도는 정도와 확도를 의미하며, 정도는 반복적으로 측정했을 때 얼마나 비슷한 결과를 갖는지를, 확도는 출력값이 얼마나 참값에 가까운지를 뜻한다.
- 히스테리시스는 입력 신호를 증가 또는 감소시키며 측정했을 때 센서의 출력값이 다르게 나타나는 현상을 말한다.
- 잡음은 원치 않는 불규칙한 신호로서 필요한 신호를 방해한다. 신호 전송 거리가 짧을수록 잡음을 줄일 수 있다.
- 선택도는 센서에 입력되는 여러 신호 중 원하는 신호만 선별해 감지할 수 있는 능력이다.

chapter **2**

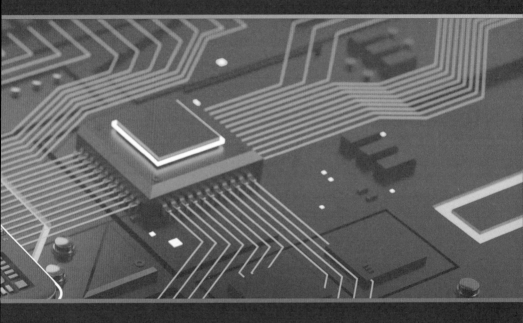

재료가
미래를 바꾼다

김현중

CNT Heat 대표

서울대학교에서 재료공학을 전공, 미국 매사추세츠공과대학(MIT)에서 MBA를 취득했다. 듀폰, 코닝 등 소재 전문 글로벌 기업에서 다양한 경험을 쌓은 후, 현재는 스타트업 CNT Heat를 창업해 대표로 일하고 있다. 지은 책으로는 《어떻게 생존하고 어떻게 성장할 것인가》, 《바운스백: 공처럼 튀어오르는 사람들의 비밀》 등이 있다.

재료는 소리를 듣고, 이미지를 보고, 맛을 느끼는 과정에서 첨단 '촉'의 역할을 담당한다. 그래서 재료의 개발과 연구는 흥미롭고 또 매우 치열하다. 거대한 반도체 시장에서는 소재를 독점하는 기업이 많은 파이를 가져간다. 그들 중 대부분은 기초재료 연구의 역사가 오래된 선진국의 기업들이다. 그러나 최근 우리 기업과 대학, 연구소에서도 재료 연구에 박차를 가하고 있고 '소부장(소재·부품·장비)' 개발이 힘을 받으면서 서서히 실적도 쌓이고 있다.

반도체 센서는 인간의 오감처럼 오묘하다. 그 신비로움은 어디서 올까? 근원을 파고들 때 만나는 곳이 바로 핵심 기능을 담당하는 소재, 즉 재료다. 재료는 소리를 듣고, 이미지를 보고, 맛을 느끼는 과정에서 첨단 '촉'의 역할을 담당한다. 그래서 재료의 개발과 연구는 흥미롭고 또 매우 치열하다. 거대한 반도체 시장에서는 재료를 독점하는 기업이 많은 파이를 가져간다. 그들 중 대부분은 기초 재료 연구의 역사가 오래된 선진국의 기업들이다. 그러나 최근 우리 기업과 대학, 연구소에서도 재료 연구에 박차를 가하고 있고 '소부장(소재·부품·장비)' 개발이 힘을 받으면서 서서히 실적도 쌓이고 있다. 그렇다면 우리의 미래를 밝힐 재료에는 어떤 것들이 있을까? 앞으로 주목해야 할 몇 가지 흥미로운 재료들을 소개한다.

재료의 융합은 곧 새로운 기술

반도체 센서 하나로 얻을 수 있는 정보는 한정돼 있는 반면, 우리 환경은 복잡하기 그지없다. 자동차를 예로 들어 보자. 자율주행을 구현하기 위해서는 하나의 정보를 검출하는 단일 센서가 아닌, 거리, 이미지, 속도 등을 복합적으로 인식할 수 있는 여러 센서들이 필요하다. 우선 이미지를 카메라 센서로 인식하고, 거리를 정확하게 감지하기 위해 레이저나 레이더Radar, Radio Detection and Ranging 혹은 초음파 센서가 동원된다. 자동차 사고는 생명과 직결되기에 센서들을 중복 적용해서라도 사고 확률을 0%에 가깝게 줄일 수 있도록 최대한의 노력을 기울여야 한다.

이처럼 카메라, 레이저, 라이다LiDAR, Light Detection And Ranging, 초음파 등 여러 센서를 결합시키는 것을 '센서 퓨전sensor fusion'이라고 한다.[•] 센서별로 각자의 역할과 장단점이 있기 때문에 각 센서의 장점을 합침으로써 기능을 극대화시키는 것이다. 특히 자율주행은 안전이 가장 중요하다. 야간에나 눈, 비, 강한 역광 등으로 인해 주변 식별이 어려운 조건 속에서도 주변을 확실히 감지할 수 있어야 한다. 예를 들어, 안개가 심한 날에는 카메라만으로 얻은 정보가 부정확할 수 있으니 레이저와 라이다 등의 정보를 추가해 안전을 판단해야 하는 것이다. 이처럼 자율주행의 발전과 함께 자동차 산업에서는 센서 퓨전을

● 도코 기요시, 미야기 고이치로 공저, 정재훈 옮김, 《프로가 가르쳐주는 센서란 무엇인가》, 성안당, 2018.

적극 도입하고 있다.

센서 퓨전을 구현하는 데에도 결국 센서에 사용되는 재료의 개발이 수반되어야 한다. 개별 특성을 검출하는 개별 재료가 아닌 복합적인 요소를 검출하는 복합 재료의 필요성이 커지고 있는 것이다. 이에 따라 세라믹, 고분자, 혹은 금속 재료 등 서로 다른 성질을 가진 재료들을 붙이거나 섞어서 사용하는 소위 '복합 재료composite materials'가 개발되고 있다. 그렇다면 이 재료들은 구체적으로 어떻게 사용될까?

이번에는 조금 달콤한 예를 들어 보자. 와인 플레이버flavor 이야기다. 와인에 있어 가장 중요한 건 향과 맛이다. 향과 맛도 기계로 측정할 수 있을까. 이를 위해서는 역시 센서가 필요하다. 향은 후각 센서, 맛은 미각 센서로 측정 가능하다. 그리고 이 두 가지를 검출해 와인 플레이버를 측정한다. 이때 후각 센서에는 도전성 고분자가, 미각 센서에는 지질막이 주로 사용된다. 후각 센서는 와인에서 휘발되는 기체의 전기 저항 변화를 검출하고, 미각 센서는 용액 중 맛 성분을 막 전위 변화로 검출한다. 이 두 센서로 검출된 저항과 전압 값을 각각 x축과 y축에 놓고 2차원 평면으로 표현하면 와인 플레이버 지도를 만들 수 있다. 여기에 와인 개봉 후 1주, 2주, 1개월, 2개월, 이런 식으로 시간의 경과에 따라 그 값을 측정해 나간다면 와인의 생산연도에 따른 '빈티지'별 맛과 향을 수치화할 수 있게 되는 것이다.

이와 같이 서로 다른 재료를 사용해 정보를 유기적으로 검출하고 통합하는 재료의 퓨전화는 앞으로 더욱 발전할 것이다. 앞서 이야기한 와인 플레이버는 물론, 커피 플레이버, 나아가 김치삼합(김치, 삼겹

살, 홍어) 플레이버도 가능하다. 이렇게 검출된 정보들을 묶어 인공지능AI으로 그 데이터들을 처리하면 'AI 소믈리에', 'AI 로스터'가 활동하는 기반이 마련될 수 있다. 한 걸음 더 나아가 무선 통신과 사물인터넷IoT*으로 포도 산지, 커피콩 산지까지 모두 연결하면 그야말로 맛과 향의 세계에도 AI의 날개가 활짝 펼쳐지는 셈이다. 하지만 이처럼 AI로 처리하기 위해서는 가장 앞단에서 제대로 된 정보를 검출해야 한다. 그 역할을 하는 것이 반도체 센서이고, 센서를 만드는 재료들이 퓨전화하면서 맹활약하게 될 것이다.

자유자재로 변신 가능한 지능형 재료

민감도가 다른 여러 재료를 사용하면 복합 센서를 만들 수 있다. 대표적인 예가 이산화탄소, 황화수소, 암모니아 등의 유해가스를 측정하는 기계다. 복합 센서가 몇 가지 재료를 더해 만들어진다면, 하나의 재료가 두 가지 기능을 할 수는 없을까? 지난해 한 기사에 따르면 평소엔 센서였다가 특정 환경에서는 트랜지스터로 변신하는 재료가 있다.** 이는 재료에 있어서 변신이자 새로운 확장이 아닐 수 없다. 반도체와도 밀접히 연관돼 있는 반도체와 센서의 융합이기에 더 흥미를

● 가전제품, 모바일 장비, 웨어러블 디바이스 등 각종 사물에 센서와 통신 기능을 내장하여 인터넷에 연결하는 기술, 즉 무선 통신을 통해 각종 사물을 연결하는 기술을 의미한다.
●● "로마신화에 나오는 '야누스'처럼 두 얼굴을 가진 센서가 있다?", 동아사이언스, 2021.6.30.

미국의 센서 전문 업체 센서콘에서 개발한 센서드론
(스마트폰과 연결하면 온도계, 가스 누출 감지기 등 11가지 진단기로 사용할 수 있다.)

끈다.

잘 알려진 것처럼 반도체 재료의 가장 큰 화두는 집적화다. 제한된 공간에 최대한 많은 소자를 집어넣을수록 반도체의 성능은 높아진다. 이런 기술을 개발하기 위해 전 세계 학계와 산업계가 전력하고 있다고 해도 과언이 아니다. 그런데 반도체의 선폭을 줄이는 기술은 물리적 한계에 부딪혀 더 이상 나아가지 못하고 있다. 새로운 기술 개발이 요구되는 이유다.

이에 포스텍 화학공학과의 한 고분자전자소재 연구실에서는 전자재료를 설계하고 합성해 응용하는 분야를 연구하고 있다. 이 연구실은 반도체의 집적도를 재료 차원에서 극대화할 수 있는 연구에 집중하고 있는데, 하나의 반도체가 다양한 기능을 수행하는 이른바 '지능형' 반도체 개발이 대표적이다. 두 얼굴을 가진 로마의 신 야누스처럼 반도체가 센서 역할을 하다가도 상황에 따라 트랜지스터 기능을 한다면 두 소자가 하나가 되는 셈이니 집적도는 획기적으로 올라간다.

이 연구실에서 개발 중인 또 다른 기술 중 하나는 반도체에 분자 스위치를 삽입해 주변 환경을 인식하는 기술이다. 분자 스위치가 주변 환경의 변화를 인식하면 에너지 준위나 형태가 바뀌고 반도체의 특성도 바뀐다. 이를 반도체에 안정적으로 넣을 수 있다면 반도체가 주변 환경에 따라 다른 특성을 보일 수 있게 되는 것이다. 대표적인 성과는 주변 환경의 밝기를 인식하는 지능형 반도체다. 최근 카메라에 주로 쓰이는 유기 이미지 센서는 집적도를 높일 수 있지만 높은 광량을 받아들이지 못하는 한계가 있다. 이에 따라 처음에는 광반도체인 포토다이오드였다가 광량이 충분히 세지면 복사기에 쓰는 밝은 빛을 읽어 내는 소자로 바뀌는 기술을 개발했다.

이 연구실의 최종 목표는 필요에 따라 원하는 기능을 발휘하는 궁극의 지능형 반도체 개발이다. 반도체에 다양한 분자 스위치를 집어넣어 어떤 때는 반도체였다가 센서로 변하거나, 에너지 소자로 변하기도 하는 것이다. 빛뿐 아니라 온도나 습도와 같은 다양한 자극에 대해서도 여러 차례 변신할 수 있는 기술 역시 반도체 재료에 그 바탕을 두고 있다. 재료에 연구가 집중되어야 하는 이유가 바로 여기에 있다. 최근 선진국 기업들에서 원천 기술로 산업계를 지배하고 고수익을 독점하는 분야를 캐고 들어가 보면 여지없이 재료에 그 핵심 경쟁력이 있다.

재료가 한 걸음 더 나아가면 스마트 센서, 인텔리전트 센서로까지 확장된다. 센서가 측정 기능뿐 아니라 판단 기능까지 할 수 있다면 그야말로 스마트 센서가 되는 것이다. 정보를 받아들이고 판단한 뒤 연산하고 결정까지 내려 주는 스마트 기능을 갖기 위해서는 재료의 고집적화, 미세화가 필수다. 재료와 센서가 앞으로 어디까지 그 영역을 확장시켜 나갈지 반도체 첨단 재료 연구진의 활약이 몹시 기대된다.

스스로 에너지를 생산하는 에너지 하베스팅

우리의 편의를 위해 다양한 분야에서 다양한 종류의 센서들이 작동되고 있지만 이로 인해 걱정이 많은 분야도 있다. 이렇게 많은 기기를 작동시키려면 그만큼의 전기에너지가 필요한데 이를 어떻게 전선이나 배터리로 연결할 것인가, 또 수많은 배터리를 누가 언제 어떻게 교체하고 관리할 것인가 하는 것이다. 제때 관리하지 못해 센서 하나가 작동되지 않아 사고가 난다면 큰 문제가 아닐 수 없다. 이에 대한 해결책으로 대두되고 있는 것이 에너지 하베스팅Energy Harvesting이다.

에너지 하베스팅이란 버려지는 에너지를 모아 전기로 바꿔 쓰는 기술을 말한다. 버려지는 햇빛을 모아 전기를 생산하는 태양광 발전이 대표적인 예다. 이외에도 우리 주위에는 전기를 생산할 수 있는데도 버려지는 에너지원이 많다. 진동, 열, 바람 등과 같은 자연 에너지원은 물론, 우리가 걷는 걸음, 냉장고 열 등도 에너지원이 될 수 있다.

식당에서 직원을 호출하는 무선호출기에 에너지 하베스팅 기술을 적용해 연구한 사례도 있다. 스위치를 딸깍하고 누르는 순간, 움직이

태양광 전기 충전소에서 충전 중인 전기차

는 동작에서 발생한 기계에너지가 전기를 생산해 신호를 송출한다. 이 경우 그 스위치에는 전기나 배터리를 연결할 필요가 없다. 게다가 에너지를 외부에서 공급받는 것이 아니라 자체 생산하기에 에너지 절감 면에서도 획기적이다. 에너지 하베스팅은 주로 재료의 특성을 효과적으로 활용하면서 발전하고 있다. 대표적으로 압전 효과와 열전 효과를 응용한 것들이 많다.

압전 효과는 압전 소자를 통해 기계적 에너지와 전기적 에너지가 상호 변환되는 현상을 말한다. 즉, 압전 특성이 있는 물질에 압력이나 진동을 가하면 전기가 생기고, 반대로 전기를 가하면 진동이 생기는 현상이다. 이런 원리를 이용해 전기를 발생시키는 것을 '압전 효과에 의한 에너지 하베스팅'이라고 한다. 압전 소재로 많이 사용되는 것은 납P, 지르콘Zr, 티타늄Ti으로 만든 PZT라는 무기 소재, 즉 세라믹 재료다. 그러나 최근 환경 문제에 대한 규제가 늘어감에 따라 납을 사용하지 않는 압전 소자나 폴리머 계열 소자에 대한 개발이 활발히 진행되고 있다. 가스레인지나 라이터에서 압력을 가하면 전기 스파크를 발생시키는 장치가 압전 효과를 이용한 대표적인 예다.

열전 효과는 열을 전기에너지로 활용하는 것이다. 이때는 물체의 온도 차를 전위차로, 혹은 전위차를 온도 차로 직접 전환해 그 효과를 사용한다. 온도가 높은 물체의 전자들은 온도가 낮은 물체의 전자들보다 더 높은 운동에너지를 갖는다. 따라서 두 물체가 연결될 경우 고온부의 전자들이 저온부로 퍼지며 전위차가 발생하는 현상을 이용해 전기를 발생시키게 되는 것이다. 사실 열은 여러 장소에서 버려지고, 온도 차는 어떤 곳에서도 존재하기 때문에 열전 효과의 이용 한도는 거의 무한대에 가깝다. 자연계에 있는 열원·태양열·해양열·지열·인체열 등을 모두 이용할 수 있으며, 공업 폐열, 자동차 폐열, 쓰레기 소각 폐열 등 인공적인 열원도 사용 가능하다. 환경오염이 전혀 없다는 장점도 있다. 이미 열전 발전을 이용한 기술은 주변에 많다. 휴대용 냉장고, 와인 냉장고, 휴대기기용 쿨링 패드 등이 바로 그것이다.

앞으로는 첨단 섬유 소재를 통해 체온을 전기로 활용할 수도 있게 될 전망이다. 피부에 부착된 부분과 공기 부분의 온도 차를 이용해 전기를 발생시키는 것이 가능하기 때문이다. 섬유 재료가 센서와 에너지 하베스팅의 역할을 함께 수행하게 되는 셈이다. 이렇게 되면 스마트 밴드도 충전을 위해 풀었다 다시 착용하는 불편함 없이 편리하게 이용할 수 있다.

국내 한 연구진은 버려지는 에너지를 전기로 바꿔 쓰는 에너지 하베스팅 기술을 접목해 화재를 감시하는 IoT 센서를 개발했다. 한국재료연구원KIMS의 분말세라믹연구팀과 대학 연구팀들이 함께 전선에서 발생하는 미세 자기장을 이용해 전기에너지로 변환하는 재료와 에너지 발전기를 개발한 것이다. 알다시피 발전소에서 생산된 전기는 송배전 선로를 이용해 가정과 공장에 공급된다. 한국전력에 따르면 2017년 기준 국내 송전 선로의 길이는 약 1만 5,900km이고 배전 선로의 길이는 약 48만 1,364km라고 한다. 관련 시설의 노후화나 사고로 과전류가 흐르거나 전선이 끊어질 경우 화재나 정전이 발생할 위험이 있다. 이는 사회적·산업적·경제적 측면에서의 큰 손실로 이어질 수 있기 때문에 주기적인 점검이 필요하다.

따라서 IoT 센서 기술을 활용해 송배전 선로의 안정성을 실시간으로 파악하려는 시도가 이뤄지고 있다. 하지만 수많은 IoT 기기에 전원을 공급하기 위해서는 배터리를 매번 교체하거나 부피가 크고 고가인 변압기를 설치해야 하기 때문에 막대한 인력과 비용이 소모된다는 단점이 있다. 연구팀은 집, 공장, 송배전 선로, 지하도 등에 설치된 전선 주위에 발생하는 미세 자기장을 이용해 이런 단점을 해결했다. 우선 특별 설계된 자석 구조체를 활용해 미세 자기장을 움직임이나 진동과 같은 기계에너지로 변환했다. 그리고 이를 다시 마찰전기 효과를 이용해 전기에너지로 변환시켰다. 마찰전기는 정전기의 일종으로, 서로 다른 두 물질이 마찰할 때 발생하는 분극 현상을 통해 기계에너지를 전기에너지로 바꾼다. 연구팀은 생산된 전기에너지로 IoT 센서 시스템이 별도의 배터리 없이 작동하는 것을 확인했다. 이때 이 센서에 사용된 핵심 재료는 세라믹이다.

자체적 회복과 치유가 가능한 자가 치유 센서

자동차에 흠집이 났을 때 스스로 흠을 메워 주는 페인트가 개발돼 큰 주목을 받았었다. 이처럼 센서들도 손상됐을 때 스스로 회복하고 치유되는 능력까지 가질 수 있으면 얼마나 좋을까. 그래서 재료 연구자들은 자가 회복 재료 개발에도 힘쓰고 있다.

자가 회복 혹은 자가 치유self-healing 성질이란 말 그대로 사용 시 재료에 발생하는 물리적 손상을 스스로 치료하여 본래의 물성과 특성을 회복하는 것을 의미하며, 최근 기초 재료 분야에서 활발히 연구되고 있는 주제 중 하나다.

기존 제품들은 손상이 생기면 부품을 교체하거나 수리하는 등 번거로운 작업이 요구되지만 자가 치유 소재가 활용되면 이런 과정 없이도 장시간 재료의 물성이 유지될 수 있다. 금속, 세라믹, 시멘트 등 다양한 재료에서 자가 치유 성질이 연구되고 있으며 가장 활발하고 폭넓게 진행되고 있는 건 유기물질 기반의 자가 치유, 즉 고분자polymer 소재 분야에서의 연구다. 고분자 소재는 원하는 화학구조를 보다 용이하게 설계할 수 있기 때문에 미래의 자가 치유 응용 제품들에서 핵심적인 소재로 활용될 전망이다.

자가 치유 특성이 활용된 대표적인 예는 몸에 부착하는 웨어러블 센서다. 최근 땀으로 건강 상태를 실시간 측정하고, 손상 후에도 자가 치유 능력을 갖춘 웨어러블 센서가 개발돼 화제다. 한국화학연구원에서 개발한 이 재료는 손상돼도 불과 30초 안에 원래 상태를 회복한다. 이는 중국 쓰촨대학교의 기록보다 네 배 이상 빠른 수준으로, 현재까지 전 세계 최단 시간으로 기록되고 있다. 기존 웨어러블 센서는 걷기나 달리기, 뛰기 등의 동작으로 인해 긁히거나 파손되면 성능이 떨어지는 한계가 있었는데 이런 성능 저하 문제를 자가 치유 소재로 해결한 것이다.

연구진은 감귤류와 목질류에서 추출한 구연산과 숙신산 등의 친환경 화합물을 합쳐 새로운 초분자 중합체를 만들었다고 전했다. 초분자 중합체는 수소 결합 등의 상호작용으로 자가 치유 특성을 갖는 고분자다. 연구진이 개발한 새로운 초분자 중합체는 말단의 카르복실산COOH과 알콜기OH가 서로 수소 결합하고, 이로 인해 분자 간 인력이 강해져 기계적 강도가 강하며, 절단된 3mm 두께의 재료가 상온에서 1분 후에 아령 1kg을 들 수 있을 정도의 강도로 돌아온다고 밝혔다. 가역적 성질로 인해 잘라도 금세 다시 붙는 특성이 있다는 것이다. 이 웨어러블 센서는 땀에 포함된 칼륨, 나트륨 이온, 수소 이온 등의 데이터를 통해 심근경색, 근육경련, 저나트륨혈증 등의 건강 상태를 측정한다.

그렇다면 우리 피부처럼 스스로 치유되는 전자 피부도 개발할 수

피부에 부착하는 플렉서블 센서

있을까? 베이거나 상처 난 피부가 하루 안에 스스로 치유된다면 얼마나 좋을까. 이미 많은 과학자들이 인간의 피부처럼 스스로 치유하는 플렉서블 센서가 있는 전자 피부를 개발하고 있다. 또한 수많은 기업이나 연구소에서 다양한 전자 피부를 개발해 생산, 출시 중이다. 팔뚝에 붙이는 타투와 비슷한 모양의 전자 피부는 인간의 맥박, 당 수치, 체온, 혈압 등 다양한 정보를 모니터링하고 측정한다. 전자 피부에 LED를 넣어 누르면 플래시를 통해 빛이 나오게 할 수도 있다.

플렉서블 센서는 주로 가전제품, 로봇공학, 보건의료기기, 우주항공을 위해 개발됐으나 현존하는 플렉서블 센서의 경우 쉽게 긁히고 잘리고 손상돼 금방 센서의 기능이 상실된다는 단점이 있다. 이에 이스라엘 하이파에 있는 이스라엘기술연구소 화학공학부의 연구원들은 인간 피부가 가진 스스로 상처를 치유하는 특성에 영감을 받아 우발적인 긁힘 또는 상처를 치유하는 기능을 통합, 개발하는 데 성공했다. 이 기술은 인간의 피부처럼 스스로 치유하는 특성을 가진 새로운 합성 폴리머를 이용하며, 하루 미만의 짧은 시간 내에 신속하게 스스로 상처를 치유한다.

앞으로는 플렉서블 센서가 장착된 전자 피부가 보편화되고, 인간 피부 곳곳에 부착돼 각종 정보를 전달할 것이다. 자가 치유 전자 피부의 공동개발자인 후인 딴 팟Huynh Tan Phat 박사의 코멘트를 소개하며 이야기를 마무리한다.

"자가 치유 센서는 스스로 관리되고 신뢰도가 높은 플렉서블 디바이스에 대한 기대를 높이고 있다. 향후 자가 치유 센서는 전자 피부를 이용하여 인간의 건강을 모니터하는 바이오 센서의 플랫폼이 될 것이다."*

● "자가 치유 센서가 있는 전자 피부, 미래에는 플렉서블 센서가 장착된 전자 피부가 보편화되고 인간 피부 곳곳에 부착되어 각종 정보를 전달한다", 블록체인AI뉴스, 2016.3.11.

SUMMARY

- 여러 특성을 한번에 검출할 수 있는 복합 재료의 필요성이 커짐에 따라 세라믹, 고분자, 금속 재료 등의 재료를 혼합한 다양한 복합 재료들이 개발되고 있다.
- 반도체의 가장 큰 화두인 집적화를 위해 하나의 반도체가 다양한 기능을 수행하는 지능형 반도체 개발이 활발하다.
- 에너지 하베스팅은 버려지는 에너지를 모아 스스로 전기를 생산할 수 있도록 하는 기술을 말한다.
- 피부와 공기의 온도 차를 활용해 전기 에너지를 발생시키는 기술을 활용하면 별도의 충전 없이 스마트 밴드를 사용할 수 있게 된다.
- 전선 주변에서 발생하는 미세 자기장을 전기 에너지로 활용해 실시간 위험을 감지하는 IoT 기기를 별도의 배터리 없이 작동시키는 기술도 개발됐다.
- 물리적 손상을 스스로 치료해 본래의 형태로 회복시키는 자가 치유 소재가 최근 기초 재료 분야에서 활발히 연구되고 있다.
- 자가 치유 특성이 활용된 대표적인 예로는 웨어러블 센서가 있으며 최근 한국화학연구원에서 30초 안에 회복되는 재료를 개발한 바 있다.

chapter 3

4차 산업혁명은
진화하고 있다

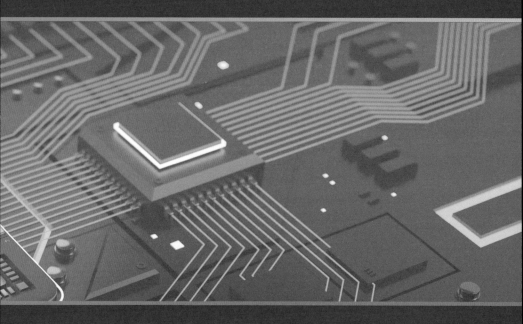

박 종 구

나노융합2020사업단 단장

1990년 카이스트 공학박사(재료공학). 1984년부터 KIST에 재직 중이며, 2012년부터
나노융합2020사업단 단장을 맡아 연구자들의 연구성과를 사업화하는 일에 함께하고
있다. 지은 책으로는 《4차 산업혁명 보고서》, 《산업 대전환》이 있다.

4차 산업혁명을 대표하는 주제어는 '디지털화' 혹은 '디지털 전환'이다. 디지털 전환이란 말 그대로 아날로그 정보를 디지털 정보로, 아날로그 장비를 디지털 장비로 바꾸는 것을 말한다. 정보나 장비를 디지털로 바꾸는 근본적인 이유는 빅데이터, AI, 클라우드 컴퓨팅 등의 디지털 수단과 효과적으로 융합해 스마트 공장을 구현하기 위해서다. 생산 현장의 다양한 아날로그 정보를 디지털 정보로 전환하고 AI나 클라우드 컴퓨팅에 적용해 생산 공정을 최적화하면 생산성을 극대화시킬 수 있다.

산업혁명은 어떻게 진화하는가

21세기 초 산업 경제 분야의 가장 큰 화두는 단연 4차 산업혁명이었다. 생산 혁신을 의미하는 '산업혁명'은 18세기 후반에 있었던 1차 산업혁명으로부터 대략 50~60년을 주기로 세 차례 일어났다. 생산 혁신은 새로운 생산 방식을 도입해 이전 방식이 가진 한계를 극복하고 생산성을 불연속적으로 도약시키는 것을 말한다. 산업혁명이 거듭되면서 점점 더 빠르고 정확하게 생산 공정을 제어하고 제품 품질을 향상시키며 생산 속도를 높이는 방향으로 생산 방식이 진화해 왔다. 기계의 동작을 감지해 조정하는 센서와 액추에이터 기술의 발달로, 작업자의 눈과 손에 의존하던 수동 공정이 센서와 로봇을 이용하는 자동화 공정으로 바뀌었으니 생산 혁신 과정은 센서 기술의 발전 과정이라 해도 과언이 아니다.

기원전에도 자동으로 동작하는 물시계가 있었고, 17세기에는 자동으로 움직이는 인형이 유행했다. 이처럼 기계를 자동으로 작동하게 하려는 꿈은 역사적으로 뿌리가 깊다. 기계의 움직임을 자동으로 제어하기 위해서는 온도, 압력, 힘, 무게, 액체나 기체의 흐름, 액면의 높이, 전류 등을 측정하고 측정한 값의 변화를 분석해 수치를 조절할 수 있어야 한다. 이런 변화를 감지하는 센서와 수치를 조절하는 액추에이터가 다양해질수록 기계를 움직이는 데 사람(작업자)의 역할은 줄어들고 자동화의 정도는 높아진다.

　　1차 산업혁명 때는 증기엔진을 이용해 수공업을 기계공업으로 전환함으로써 생산 혁신을 이뤘다. 증기엔진이 산업에 폭넓게 활용될 수 있었던 건 1788년 제임스 와트James Watt가 회전축의 원심력을 이용하는 속도조절기a flyball governor를 개발해 증기엔진의 회전속도를 조절하고 석탄과 물의 사용량을 획기적으로 줄인 덕분이었다.[*] 이 속도조절기는 전자기파 분야의 대가인 맥스웰James Clerk Maxwell 등 여러 사람의 손을 거치며 1860년대 말까지 계속해서 개선되어 갔다.

　　2차 산업혁명은 증기기관 대신 전기를 사용하고 벨트컨베이어 방식을 도입해 대량 생산의 길을 열었다. 전기 스위치인 릴레이relay를 이용해 기계를 더욱 정밀하게 제어할 수 있게 되었으며 이는 1900~1920년대 사이에 빠르게 보급됐다. 1920년대에는 많은 공장이 중앙통제실을

---

[*] 제임스 와트는 이전부터 쓰이고 있었던 토머스 뉴커먼(Thomas Newcomen)의 증기엔진에 속도조절장치를 붙여 회전속도를 제어할 수 있게 했으며 버려지는 증기를 응축해 재사용하는 방법으로 에너지 효율을크게 향상시켰다.

1920년대 공장의 모습

갖게 되었고, 이때 제어 방식은 작업자가 스위치를 켰다 껐다 하는 온
오프on/off 방식이었다. 2차 산업혁명 후반인 1950년에는 처음으로 컴
퓨터를 이용하는 상업용 데이터처리 기기가 개발돼 복잡한 구조를
가진 릴레이 제어장치를 대체했고 수치제어 기능을 가짐으로써 생산
기기가 자동화하기 시작했다. 디지털 제어장치는 1956년 개발에 착수
했으며 1960년 전후로 사용되기 시작했다.

3차 산업혁명 때는 1971년 개발된 마이크로프로세서를 기반으로 한 프로그램 논리 제어기PLC와 MEMS로 제조한 스마트 센서를 광범위하게 활용해 생산을 자동화했다.

세 차례의 산업혁명을 거치는 동안 생산체계가 고도화되면서 제품의 수명은 극도로 짧아졌다. 그렇다 보니 신제품을 개발하는 데 걸리는 기간 역시 줄일 수밖에 없게 됐다. 또한 개인의 소비 성향을 중시하는 패턴이 확대되면서 기존의 소품종 대량생산 체제 대신 다품종 소량생산 또는 맞춤식 제조 체제로의 변화가 필수불가결해졌고, 이를 위해 유연한 생산체계가 요구됐다. 이로써 여러 종류의 신제품을 신속하게 소량생산 하면서도 생산원가는 높지 않게 유지해야 하는 어려운 산업 환경이 조성된다. 이를 해결하기 위해 등장한 새로운 생산 혁신이 바로, 생산 공정의 전면적인 디지털화와 자율 생산 방식으로 대표되는 4차 산업혁명이다.

오늘날의 자동화된 조립라인

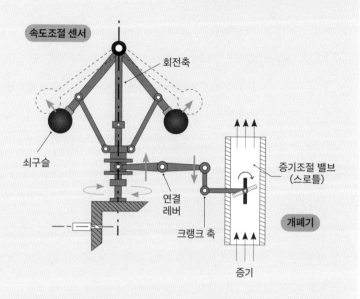

제임스 와트의 증기엔진 속도조절기

속도조절 센서

회전축

쇠구슬

연결
레버

크랭크 축

증기조절 밸브
(스로틀)

개폐기

증기

증기엔진의 회전속도를 조정하는 와트의 속도조절기는 회전속도 센서(왼쪽)와 개폐기(오른쪽), 두 부분으로 구성돼 있다. 센서의 축은 엔진 축에 연결돼 있어서 축이 회전하는 속도가 빨라지면 쇠구슬flyball이 원심력을 받아 서로 멀어지고 그 힘으로 수평 레버를 위로 든다. 이때 레버의 반대쪽이 아래로 밀리면서 그 힘으로 개폐기의 밸브가 닫히게 된다. 밸브가 닫히면 엔진으로 공급되는 증기가 차단돼 회전속도가 줄고 쇠구슬은 원위치로 돌아간다. 이때 레버도 원위치로 돌아가게 되고 밸브가 다시 열리면 증기를 공급받은 엔진은 회전이 빨라진다. 이렇게 센서와 개폐기가 서로 작용해 증기엔진은 일정한 회전속도를 유지한다. 개폐기에서 차단된 증기는 우회경로를 따라 응축기로 들어가서 재활용되므로 물의 소모량은 줄고 에너지 효율이 높아진다.

와트의 증기엔진이 개발되기 전에도 토머스 뉴커먼의 증기엔진이 사용됐으나 회전속도 조절이 어렵고 물과 석탄이 너무 많이 사용돼 효율성에 문제가 있었다. 와트가 속도조절기와 응축 체임버chamber를 발명한 덕분에 증기엔진은 1차 산업혁명을 선도하는 가장 중요한 수단이 될 수 있었다.

디지털 전환과 새로운 비즈니스 모델

4차 산업혁명을 대표하는 주제어는 '디지털화' 혹은 '디지털 전환'이다. 디지털 전환이란 말 그대로 아날로그 정보를 디지털 정보로, 아날로그 장비를 디지털 장비로 바꾸는 것을 말한다. 정보나 장비를 디지털로 바꾸는 근본적인 이유는 빅데이터, AI, 클라우드 컴퓨팅 등의 디지털 수단과 효과적으로 융합해 스마트팩토리를 구현하기 위해서다. 생산 현장의 다양한 아날로그 정보를 디지털 정보로 전환하고, AI나 클라우드 컴퓨팅에 적용해 생산 공정을 최적화하면 생산성을 극대화시킬 수 있다. 공정의 변화를 감지하는 스마트 센서 혹은 IoT는 센서와 신호처리 소프트웨어, 통신 기능이 결합돼 있어서 센싱한 데이터(센서 데이터)를 인터넷에 연결된 다른 디지털 기기로 보낼 수 있다.[*] 스마트 센서는 스스로 오차를 보정하고 제어할 수 있으므로 신뢰할 수 있는 데이터를 생산한다. 센서 데이터는 디지털 공간에서 가공(빅데이터), 분석(클라우드 컴퓨팅), 해석(AI)하고 저장(데이터 센터)되며 분석한 결과는 생산 현장에 있는 로봇(액추에이터)에 전달돼 작업 내용을 변경한다. 즉, 스마트 센서와 AI, 클라우드 컴퓨팅, 로봇을 결합하면 작업자가 개입하지 않고도 자율적으로 운전하는 스마트팩토리가 가능해지는 것이다.

3차 산업혁명에서 생산성을 크게 높인 방법은 센서와 수치제어 기

● 4차 산업혁명에서 센서는 곧 IoT다.

기를 융합해 기계를 자동화하고, 산업용 로봇을 배치해 생산 라인을 자동화한 것이었다. 자동화 생산에서는 작업자가 미리 입력해 놓은 프로그램에 따라 기계나 작업 로봇이 명령을 실행하는 반면, 4차 산업혁명의 자율화 생산에서는 기계나 로봇이 미리 정해진 명령에 따라 움직이는 것이 아니라 작업자의 개입 없이 스마트 센서의 데이터에 기반한 AI가 운전조건을 자율적autonomous으로 변경해 최적의 상태로 운전한다. 자동화 생산에서는 적은 수의 센서가 데이터를 취득해 제어 시스템에 전달하면 수치제어 기기가 미리 설정된 정보와의 차이를 계산해 운전 내용을 조정하지만, 자율화 생산에서는 AI가 많은 센서 데이터를 종합적으로 분석해 최적의 솔루션을 찾아 스스로 운전 조건을 변경한다. 즉, 자동화 생산에서는 설정값과 실제 값의 차이에 단순히 대응하는 반면, 자율화 생산에서는 센서값의 변화를 분석하고 최적의 상태가 유지되도록 반응하는 것이다. 따라서 완전한 자율 운전 체계를 갖추기 위해서는 하나의 장비에 여러 센서를 설치해 데이터를 수집해야 한다. 3차 산업혁명까지는 기계의 몇 부분에 센서를 설치해 오작동이나 위험을 감지하는 수준으로 기계를 진단했다면 4차 산업혁명부터는 기계의 주요 부품에 여러 개의 센서를 설치해 운전 중인 기계의 개별 부품 상태를 파악하고 여러 부품의 데이터를 종합해 기계를 진단한다.

장비의 여러 곳에 설치된 센서의 위치를 좌표로 사용하면 디지털 가상 공간에 장비를 3차원으로 영상화할 수 있다. 설치한 센서의 수가 많으면 많을수록 실제 장비에 가까운 쌍둥이 형태의 그림이 그

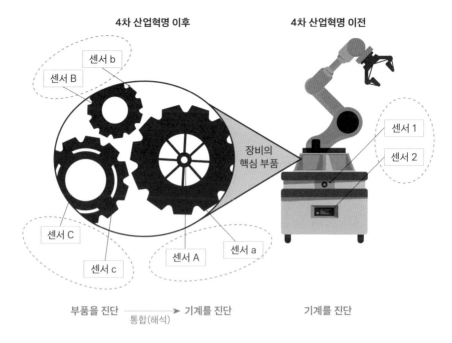

4차 산업혁명 이후   4차 산업혁명 이전

센서 b
센서 B

센서 C

센서 c   센서 1

장비의   센서 2
핵심 부품

센서 A   센서 a

부품을 진단 ────→ 기계를 진단   기계를 진단
        통합(해석)

4차 산업혁명 이전과 이후의 변화, 기계 진단(거시) → 부품 진단(정밀)

려진다. 이런 기술을 실제 시스템을 닮은 디지털 시스템이라는 의미
로, 디지털 트윈digital twin 혹은 실제 공간과 이에 대응하는 가상 공간
이 서로 연결되어 있다는 의미로 사이버-물리 시스템CPS, Cyber-Physical
System이라고 한다. 디지털 트윈은 단순한 그림이 아니라 센서 데이
터와 이를 분석한 데이터, 장비의 운전상태, 이상異常 내용과 적정 수
리 시기 등의 데이터를 통합해 실시간으로 보여 주는 동적인 그림이
다. 디지털 트윈은 센서, AI, 클라우드 컴퓨팅을 결합한 것으로 작게
는 한 대의 장비부터 크게는 도시, 에너지 공급망이나 물류망까지 적
용 범위가 대단히 넓다. 멀리 떨어진 곳에서도 디지털 트윈에 접속해

출처: Sumit Awinash

석유굴착기의 디지털 트윈 이미지

현장의 운전 상황을 실시간 모니터링할 수 있으며 이상이 발견되면 필요한 데이터를 입력해 즉시 조치할 수 있다.* GE사는 본사에서 세계 여러 곳에 설치된 대형 발전설비나 항공기 엔진을 실시간 모니터링하고 운전 상태를 분석해 운전 조건을 변경하고 있다. 이 분석 결과를 활용하면 항상 최상의 상태를 유지할 수 있게 조정하고 이상 내용을 확인해 미리 정비(예측 정비)함으로써 대형 사고를 방지하고 비용과 시간을 절약할 수 있다. 이처럼 디지털 트윈은 현장의 운영기술OT, Operational Technology과 정보기술IT을 결합해 최고의 효율성을 추구하는 수단이다.

물리적 세계와 디지털 세계를 연결하는 디지털 트윈을 요약하면 다음 그림과 같다. 물리적 세계에 있는 스마트 센서가 감지한 장비의

● 중앙집중식의 별도 제어 공간은 필요하지 않다.

운전 데이터를 인터넷을 통해 디지털 세계로 전달하면 데이터 센터에서는 이 데이터를 빅데이터로 체계화해 저장한다. 그다음 AI가 데이터를 분석해 장비의 운전 상태를 진단하고 최적의 솔루션을 도출해낸다. 솔루션은 인터넷을 통해 물리적 세계에 있는 장비에 전달돼 실행된다. 이런 순환 과정을 통해 물리적 세계와 디지털 세계가 실시간 연결되며 아주 작은 변화도 곧바로 감지돼 바로잡음으로써 장비가 최적의 상태를 유지하게 된다. 디지털 트윈은 기계의 전체 상황을 실시간 감지하고 반응해야 하고, 그러기 위해서는 각 부분에 설치된 센서

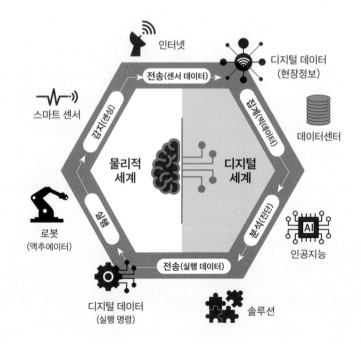

물리적 세계와 디지털 세계가 동일한 디지털 트윈

가 유기적으로 연결(네트워크)돼 정보가 끊김 없이 교환되어야 한다. 디지털 트윈을 구성하는 주요 요소와 유기체의 기능을 서로 연관 지어 보면, AI와 고성능 컴퓨터는 뇌, 촘촘하게 연결된 스마트 센서(IoT)는 뉴런(신경망)과 시냅스(감각기관), 디지털 명령 정보를 실행하는 로봇은 운동기관, 서버를 거치지 않고 네트워크상에서 데이터를 곧바로 처리하는 클라우드 컴퓨팅이나 에지 컴퓨팅은 자율신경계에 각각 대입해 볼 수 있다.

현장(물리적 세계)의 정보를 사각지대 없이 수집하기 위해서는 모든 부품에 센서를 설치해야 하지만 고속으로 회전하는 축처럼 센서를 설치하기 쉽지 않은 부품도 있다. 감지할 수 없는 영역을 좁히기 위해서는 부품의 움직임에 영향을 전혀 주지 않는 초소형이나 초박형 센서, 스스로 동력을 발생시켜 동작할 수 있는 센서, 스스로 대상을 추적하는 센서 등 여러 센서를 개발해야 한다. 또한 센서를 직접 설치할 수 없으나 동적 상태를 실시간 파악할 필요가 있는 부분(부품)을 모니터링하기 위해서는 주변에 있는 센서의 움직임으로부터 해당 부품의 거동을 해석해 낼 수 있는 알고리즘인 '소프트 센서'● 기술이 필요하다.

스마트 센서는 비즈니스 모델에도 영향을 미친다. 자율적으로 운전되는 장비에는 수많은 센서가 장착돼 있어서 고도로 훈련된 전문가가 아니고서는 함부로 손대기 어렵다. 기업이 장비 전문가를 고용하고 시설을 갖춰 장비를 직접 관리하는 데는 경제적으로 큰 부담이 따른

● 실재하는 센서는 아니며 알고리즘을 통해 센서의 기능을 발휘하는 가상의 센서다.

다. 장비 회사가 장비를 사용하는 기업에 장비를 임대하고 운영하여 생기는 이익의 일부를 가져가는 게 오히려 효과적일 수 있다. 장비 회사는 전문가를 보유하고 있어서 세계 어느 곳에 설치된 장비든 디지털 트윈 상에서 문제를 진단하고 필요한 시기에 전문가와 부품을 현지에 보낼 수 있으므로 장비를 전문적으로 관리하고 최상의 상태로 유지할 수 있다. 한편 활용 기업은 전문 인력을 투입하는 데 들어가는 인건비, 또는 장비를 유지하고 보수하는 데 들어가는 비용을 절약할 수 있으므로 이에 따른 높은 수익을 기대할 수 있다. 결국 장비 회사나 활용 기업 모두에 유익한 비즈니스 모델인 것이다.

대표적인 예로, 항공기용 가스터빈 엔진을 제작하는 회사가 항공기 제작사에 엔진을 파는 대신 무료로 임대하고 비행한 시간(가스터빈을 가동한 시간)에 해당하는 만큼 돈을 받는 비즈니스 모델이 있다. 마찬가지로 발전소를 지어 운영해 주고 판매한 전력량에 따라 돈을 받는 비즈니스 모델도 등장했다. 부품이나 모듈을 만드는 기업도 표준화된 제품을 대량으로 생산해 낮은 가격에 팔기보다 고객이 원하는 제품을 맞춤 제작하고 고객이 이 제품을 이용해 창출한 이익의 일부를 가져가는 방식이 확산되고 있으며, 그 형태 또한 다양하다.

이런 새로운 비즈니스 모델이 가능하게 된 것은 장비 회사가 제품에 설치된 센서를 통해 사용 상태를 확인하고 최상의 운영 상태를 유지할 수 있게 되었기 때문이다. 이런 비즈니스 모델을 통해 앞으로 하나의 장비를 여러 고객이 공유하는 공유경제, 장비를 사용한 만큼 비용을 지급하는 구독경제가 활성화될 것으로 전망된다.

공장 안에 사람이 전혀 보이지 않는다. 부품을 교체하거나 설비를 변경하는 작업조차도 로봇이 한다. 공장의 여러 공정(장비)이 레고 블록처럼 모듈화되어 있어서 고객의 주문이나 생산량의 변동에 따라 모듈을 자동으로 재구성해 품목별 생산량을 조정할 수 있으므로 생산성이 매우 높아지고 설비 투자비를 절약할 수 있다. 센서는 가시광은 물론 적외선, 초음파, 5G 주파수 등을 인식할 수 있으므로 조명이 없는 깜깜한 공장이 될 수도 있어서 조명에 들어가는 많은 전기를 절약할 수 있다. 큰 전력을 필요로 하는 장비와 적은 전력을 필요로 하는 장비의 부하를 조합해 전력 소모를 일정 수준으로 유지할 수 있으므로 신규 발전소 건설 수요도 줄일 수 있다.

4차 산업혁명의 미래

2050년은 4차 산업혁명이 성장기를 지나 성숙기에 접어드는 시기로, 4차 산업혁명이 꿈꾸고 있는 유기적인 산업 생태계가 실현될 것이다. 모든 산업 영역에서 융합이 자연스레 이뤄지고, 물리·디지털·바이오 영역 간 경계가 사라지며 기술과 산업 사이의 경계도 사라질 것이다. 거미줄처럼 연결된 광범위한 센서 네트워크는 이렇듯 경계가 사라지는 데 큰 역할을 하고, 지구 규모의 초연결 산업 생태계가 만들어지게 될 것이다.

유기적인 생태계 구축 관점에서 보면 4차 산업혁명은 아직 초기에 불과하다. 이런 변화는 단순히 산업 발전 방향을 전환하는 것이 아니라 산업 기반을 통째로 바꾸는 근본적인 변화다. 그렇게 되면 물리적 공간과 디지털 공간이 완전히 일치하는 쌍둥이가 될 것이다. 디지털 영역에서는 사람의 감각이 미치지 못하는 영역의 데이터까지 자료화해야 하므로 사람의 감각 체계보다 더 방대한 규모의 데이터를 수집해야 하고, 그만큼 많은 센서가 네트워크로 연결돼야 한다. 2025년경에는 약 1조 개, 2030년경에는 약 10조 개의 센서가 사용될 것으로 전망되고 있으며[*] 기하급수적으로 늘고 있는 현 추세를 고려하면 2050년경 사용할 센서의 수는 사람의 시냅스 수에 거의 필적하거나 그 이상이 될 것으로 예측된다. 하지만 센서의 수를 무한정 늘리는 데는 현실적인 어려움이 있으므로 센서 수를 줄일 수 있는 대안이 필요하다. 이에 대해서는 AI와 로봇의 융합이 하나의 솔루션이 될 수 있다. 예를 들어, 일정하게 놓인 부품을 집는 데 세 개의 시각 센서를 가진 로봇이 필요했다면, AI를 장착한 8축 로봇팔을 가진 로봇을 활용하면 하나의 시각 센서만으로도 아무렇게나 놓인 부품을 집을 수 있다.

4차 산업혁명이 성숙단계에 이르는 2050년경에는 생산(제조)에 관련된 영역뿐만 아니라 에너지, 자원, 물류, 도시 등 여러 영역의 디지털 트윈이 끊김 없이 연결돼 재료의 낭비 없이 제조하고, 최소한의 에너지를 사용하게 됨으로써 신재생에너지만으로도 충분한 제조가 가능해지며, 작업자의 개입이 전혀 필요 없는 완전한 무인 제조, 단 한 개의 제품 주문도 받아 주는 완벽한 맞춤 제조, 고객의 요청을 실시간 반영하는 자율 설계와 즉시 제조 등 생산 혁신이 극한의 수준으로

● 포스코경영연구원, 《4차 산업혁명을 이끄는 센서-시장구조는 어떻게 바뀌나?》, 2017.

발전할 것이다. 그 사이에는 원자나 분자를 하나씩 다루는 나노 기술(재료 기술), 설계와 공정의 한계를 극복하는 적층 제조 기술(3D 프린팅 기술, 제조 기술), 생물학적 형태나 과정을 모방한 바이오 기술(생명 기술) 등이 발전해 현재와 2050년 사이의 공백을 메울 것으로 기대된다.

5차 산업혁명은 인간과 기계의 인터페이스

4차 산업혁명이 본격 시작된 시기를 대략 2011년으로 보면 2023년 현재 10년이 조금 넘게 흘렀다. 이렇듯 4차 산업혁명이 아직 초기 단계임에도 불구하고 벌써부터 5차 산업혁명을 이야기하는 사람들이 늘고 있다. 이는 4차 산업혁명의 성격과는 또 다른 큰 흐름이 생기면서 새로운 시각에서의 접근이 필요해졌기 때문이다. 또한 산업혁명이 거듭되는 동안 산업혁명의 주기가 점점 짧아지고 있다 보니 이 추세라면 적어도 10년 이내에 새로운 산업혁명이 시작될 것으로 전망돼[**] 지금 시점에서 5차 산업혁명을 말하는 것도 크게 무리는 아니다.

5차 산업혁명 이야기가 나오게 된 배경은 4차 산업혁명의 성격에서 찾을 수 있다. 4차 산업혁명의 핵심인 자율 운전 중심의 스마트 공장은 일자리가 상당 부분 줄어드는 사회적 부작용이 클 것으로 보여

[**] 1~2차 산업혁명 간에는 약 90년, 2~3차 산업혁명 간에는 약 44년, 3~4차 산업혁명 간에는 약 31년의 시차가 있었다(Sabah Hameed Ali et al., "Fifth industrial revolution(New perspectives)", *International Journal of Business, Management, and Economics*, 3(3), 196, 2022). 이런 추세로 시차가 줄어든다면 5차 산업혁명은 2020년대 후반에 시작될 전망이다(이미 시작되었다는 견해도 있음).

사회경제적 측면에서의 지속 가능성이 떨어진다. 또한 4차 산업혁명이 생산과 소비(비즈니스) 간 경계를 허물고 있긴 하지만 여전히 산업영역, 즉 생산성을 향상하는 데 초점이 맞춰져 있기 때문에 기후변화 대응, 친환경 움직임 등 사회경제 영역의 흐름과는 괴리가 크다. 따라서 산업 분야의 생산성을 높이는 것뿐 아니라 산업을 포함한 사회 전체의 효율성을 높이고 사람을 중심에 두는 혁신이 필요하다.

5차 산업혁명이 추구하는 것은 단순히 산업 부문의 효율을 높이는 것이 아니라 보다 나은 사회, 즉 사회적 웰빙에 필요한 통합 솔루션을 찾는 것이다. 산업적으로는 자동화를 통한 효율성 향상에 감성을 더함으로써 사람과 로봇이 공존하고, 환경적으로는 환경파괴적인 공정을 자연친화적인 공정으로 대체함으로써 사람과 자연이 공존하는 지속 가능한 패러다임으로 전환하는 것이다. 로봇이 사람을 이해하고 사람이 로봇을 신뢰하게 됨으로써 사람과 로봇 간 협력에 시너지가 생기고 사람은 로봇의 도움으로 창조적인 일에 집중하게 되므로 삶의 질은 높아질 것이다. 또한 자연을 보호하고 자연스럽게 사는 생활 자체가 산업이 돼서 자연과 산업 간 경계는 사라질 것이다. 인간과 교감하는 로봇, 인간과 자연의 공존 이면에는 사람과 기계를 직접 연결해 주는 인간-기계 인터페이스HMI, Human-Machine Interface 기술이 자리하고 있다. HMI를 구성하는 핵심 요소는 지능형 센서와 센서 네트워크다. 센서는 데이터를 단순히 모으는 일반적인 역할에서 데이터를 유익한 정보로 만드는 역할(IoT의 도움을 받음), 지식으로 전환하는 역할(빅데이터의 도움을 받음), 지혜로 만드는 역할(AI 혹은 클라우드 컴퓨팅

5차 산업혁명 이미지화

의 도움을 받음)을 하는 지능형 센서로 빠르게 진화해 갈 것이다. HMI 의 발전으로 센서 데이터가 다른 기기를 거치지 않고 곧바로 사람에 게 전달됨에 따라 이전에는 감지할 수 없었던 것을 새로 감지할 수 있 게 되면서 사람의 활동 범위는 오히려 더 넓어질 수 있다. 이를 통해 이전에는 불가능했던 일들을 하게 되고, 선택할 수 있는 직업 영역도 다양해져 일자리는 늘어날 것이다.

5차 산업혁명이 성숙 단계에 이르는 시점에는 사람이 센서 네트워 크의 중심이 돼 자율적으로 움직이는 수많은 로봇과 막힘 없이 소통 하고, 스스로 인식할 수 있는 영역이 인간의 한계를 넘어서게 됨에 따 라 산업 생태계와 완벽하게 동화됨은 물론, 인간과 자연이 공존하는 지속 가능한 지구 생태계가 구축될 것이다.

사람과 로봇이 공존하는 조립라인

제조라인 앞에 작업자(사람)와 로봇이 나란히 서 있다. 작업자 옆에는 여러 가지 부품이 가득 담긴 바구니가 있다. 작업자는 지금 레고 블록을 조립하듯 여러 부품을 조립해 새로운 형상을 만드는 시도를 하고 있다. 로봇은 옆에서 작업자의 모습을 지켜보고 있다. 여러 시도 끝에 드디어 원하는 형상을 만드는 데 성공하고 미소 띤 얼굴로 옆에 있는 로봇을 쳐다본다. 로봇이 작업자가 하던 일을 끝냈음을 알고 옆에서 학습한 대로 똑같은 형상을 실수 없이 조립해 낸다. 같은 형상을 만들어 내는 다른 방법이 있을 땐 로봇이 사람에게 그 방법을 알려준다. 로봇이 생각하는 내용은 작업자가 입고 있는 옷(팔 부분)에 글자로 나타난다.

로봇이 몇 개를 만들어야 할지 물어보고 작업자가 숫자를 말하면 제품을 만드는 반복적인 작업은 로봇이 알아서 진행한다. 로봇이 제품을 생산하는 반복 작업을 하는 사이 작업자는 또 다른 형상을 만드는 일에 몰두한다. 로봇은 앞의 제품을 계속 만들면서 작업자가 시도하는 새로운 작업을 학습해 간다. 작업자의 두 번째 형상이 완성되면 로봇은 같은 방법으로 방금 완성한 제품의 생산에 들어간다.

SUMMARY

- 1차 산업혁명은 수공업에서 기계공업으로의 혁신, 2차 산업혁명은 전기와 벨트컨베이어 방식을 활용한 대량생산 체제로의 혁신이었다.
- 3차 산업혁명은 생산 라인의 자동화로, 작업자가 입력한 프로그램에 따라 기계가 명령을 실행하는 시스템이다.
- 4차 산업혁명은 자동화에서 자율화로의 전환이다. 자율화 생산에서는 AI가 센서 데이터를 분석해 최적의 솔루션을 찾아 운전 조건을 변경한다.
- 실제와 동일한 시스템을 디지털 공간에 구현한 디지털 트윈은 지금의 상황을 실시간 파악할 뿐 아니라 앞으로의 상황까지 예측한다.
- 자율적으로 운전되는 장비들을 대여하고, 전문적으로 관리해 주는 새로운 비즈니스 모델이 급부상하고 있다.
- 4차 산업혁명 성숙기인 2050년에는 최소한의 자원과 에너지로, 완전한 무인 제조, 완벽한 맞춤 제조, 자율 설계와 즉시 제조가 가능해질 것이다.
- 산업혁명의 주기가 점차 짧아짐에 따라 로봇과 사람이 막힘 없이 소통하는 5차 산업혁명의 센서 네트워크 사회도 머지않았다.

chapter 4

센서로 달라질
우리의 일상

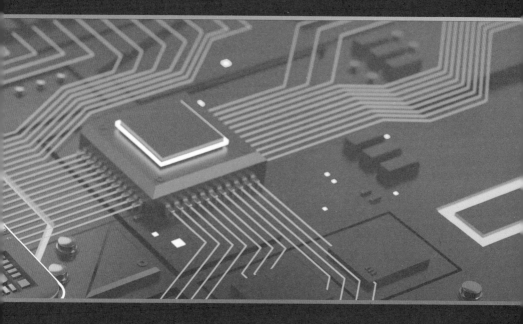

문 보 경
전자신문 기자

2000년 고려대학교 산업공학과를 졸업하고, 2015년 영국 서식스대학교 과학기술정책 석사, 2022년 충북대학교 위기관리학 박사를 수료했다. 2004년 전자신문에 입사해 반도체 디스플레이, 소재·부품·장비, 소프트웨어 산업을 거쳐 국토교통부와 교육부 출입 기자로 활동하며 4차 산업혁명의 '융합'을 경험하는 중이다. 기술과 산업 자체를 취재할 때보다 지금 더욱 센서의 확장 가능성을 확신하게 됐다.

센서가 없었다면 어두운 방에서 너무 밝은 스마트폰 화면을 보게 돼 눈이 아파 수동으로 화면 밝기를 조정해야 했을 것이고, 과거에 키패드와 디스플레이가 따로 있는 휴대폰처럼 버튼을 눌러야 했을 것이다. 집을 따뜻하게 해 줄 히터나 보일러 역시 내가 추울 때 켰다가 더우면 꺼야 했을 테고 말이다. 스마트폰 하나에만도 수십 개의 센서가 그야말로 스마트하게 작동한다. 앞에 언급한 센서 외에도 근접 센서, 압력 센서, 위치·동작 센서, 자이로스코프, 지자기 센서, 거리 센서, 지문인식 센서 등 많은 센서들이 스마트폰을 더욱 스마트하게 만들고 있다.

일상을 채운 반도체 센서들

우리는 얼마나 많은 반도체 센서들과 생활하고 있을까. 센서는 스마트폰 이전부터 존재했지만 '스마트'라는 단어가 우리 삶 곳곳에 붙기 시작하면서부터 일일이 세는 게 어려울 정도로 센서로 가득 찬 사회에서 살게 됐다. 스마트시티, 스마트카, 스마트팜, 스마트팩토리 등등 '스마트'라는 단어는 카메라·통신·센서 등이 수집한 데이터를 통해 우리 삶을 보다 편리하고 윤택하게 만들어 준다.

아침 6시, 알람이 울리면 게슴츠레 뜬 눈으로 스마트폰을 찾아 알람을 끄고 뉴스를 확인한다. 화면 밝기는 아직 어두운 방 안에 맞춰 최소화된 상태. 어릴 때 머리맡에 뒀던 알람시계는 눈을 감고 몇 번 더듬거리며 버튼을 찾아 껐지만 스마트폰은 터치를 해 줘야 한다. 어떤 스마트폰은 뒤집으면 알람이 꺼지기도 한다. 새벽이어서인지 방에 냉기가 도는 듯하다. 보일러를 보니 방 안 온도는 23도. 가습기만 적당 습도를 맞춰 놓고, 보일러 온도 맞추는 건 깜빡했다. 화장실에 가면 불을 켜지 않아도 센서등이 조명을 밝히고 비데에 앉아 볼일부터 본 후 세수를 한다.

기상 후 채 5분도 안 되는 나의 일과다. 이 짧은 시간 동안 내가 사용한 센서는 몇 개나 될까. 화면 밝기를 자동으로 조절하는 조도 센서, 터치패드의 터치 센서, 뒤집는 것을 알아차리는 중력 센서, 보일러의 온도 센서, 가습기의 습도 센서, 화장실 조명의 동작 센서, 비데의 착좌 센서……. 이렇게 매 순간 보이지 않는 센서가 우리와 함께 움직이고 있다.

센서가 없었다면 어두운 방에서 너무 밝은 스마트폰 화면을 보게 돼 눈이 아파 수동으로 화면 밝기를 조정해야 했을 것이고, 과거에 키패드와 디스플레이가 따로 있는 휴대폰처럼 버튼을 눌러야 했을 것이다. 집을 따뜻하게 해 줄 히터나 보일러 역시 내가 추울 때 켰다가 더우면 꺼야 했을 테고 말이다. 스마트폰 하나에만도 수십 개의 센서가 그야말로 스마트하게 작동한다. 앞에 언급한 센서 외에도 근접 센서, 압력 센서, 위치·동작 센서, 자이로스코프, 지자기 센서, 거리 센서, 지문인식 센서 등 많은 센서들이 스마트폰을 더욱 스마트하게 만들고 있다.

스마트폰보다 수십 배 비싼 자동차는 말할 것도 없다. 비가 오면 와이퍼 근처에 있는 레인 센서가 강우량을 감지하고 차의 속도를 고려해 와이퍼를 자동 작동시킨다. 빗물이 센서의 압전 진동자에 떨어질 때의 낙하에너지를 전기에너지로 전환해 강우량을 계산하는 것이다. 어두운 곳에서 자동으로 라이트가 켜지는 것도 모두 센서의 역할이다. 후진할 때 장애물을 감지하는 후방감지 센서에는 초음파 센서가 사용된다. 최근에는 초음파 센서뿐만 아니라 카메라와 레이더 센서까지 활용돼 주변 장애물이나 차량을 감지하고 있다. 전파를 보내고 반사돼서 다시 차량으로 돌아오는 신호를 감지하는 형태다.

자율주행차에는 고가의 라이다 센서가 사용되기도 한다. 차선 변경을 할 때 사각지대에 있는 차량의 존재를 알려주는 게 라이다 센서다. 라이다 센서는 레이더 센서와 원리는 같지만 마이크로파 대신에 레이저를 사용해 정밀도와 해상도가 높다.

라이다 센서는 '아는 사람'만 아는 전문가의 영역이었지만 아이폰에도 사용되기 시작하면서 이제는 '웬만한 사람'은 다 아는 센서가 됐다. 애플은 2020년 아이폰12 프로에 라이다 센서를 탑재했는데, 아이폰 13부터는 아이폰 전 모델에 라이다 센서를 적용했다. 테슬라가 자율주행 기능에도 활용하지 않은 고가의 라이다 센서를, 애플은 야간 카메라 성능을 높이는 데 활용해 화제가 된 바 있다. 애플은 아이패드 프로 4세대에 먼저 라이다를 적용해 봄으로써 활용성에 확신을 얻었던 듯하다. 라이다는 빛이 없는 어두운 공간 속에서도 공간을 측적하는 기능이 뛰어난데, 애플은 어두울 때 카메라 초점을 맞추는 데 라이다를 사용했다. 애플은 라이다 스캐너를 통해 절대 심도를 측정하고 이것이 증강현실AR의 판도까지 바꾸리라고 자신했다. 라이다 센서

아이폰12 프로 나이트 모드로 촬영한 사진

가 AR도 훨씬 정밀하게 만든다는 것이다. 강아지 얼굴로 변한 우스꽝스러운 셀카를 찍어 본 사람이라면 제 위치에 있지 않은 부자연스러운 AR 때문에 몇 차례 다시 찍었던 경험이 있을 것이다. 라이다는 공간 속 모든 심도와 표면을 디테일하게 인식하기 때문에 매우 자연스러운 AR 사진을 찍을 수 있게 해 준다.

심지어 애플은 라이다 센서로 사람의 키를 재는 기능까지 추가했다. 이 기능을 전해 듣고 어떤 사람들은 이제 벽에 눈금을 그려 아이들의 키를 재는 일은 사라지게 되겠다고 말했다. 요즘 아이들은 스마트폰 통화 앱에 그려진 수화기 모양을 이해하지 못한다는데, 미래에는 오랫동안 아이들과의 추억을 불러일으키는 소재로 사용돼 온 벽에 그려진 아이의 키 눈금을 이해하지 못하는 때도 올 것 같다.

이처럼 우리가 생활하는 집, 학교, 사무실 등의 공간이나 일상에서 사용하는 스마트폰, 자동차뿐 아니라 우리 생활은 반도체 센서와 떼려야 뗄 수 없는 관계다. 먹고 마시며 일하고 노는 모든 생활 곳곳에서 활약하고 있는 반도체 센서의 역할은 놀랍도록 많고 다양하다.

특히 안전을 위한 센서의 활용도는 매우 폭넓다. 센서가 오작동했을 때 일어날 수 있는 사고는 상상 이상이다. 당장 집 안만 보더라도 화재 감지기, 가스누출 감지기 등의 센서가 있고, 이를 통해 크고 작은 화재와 폭발 사고를 방지하고 있다.

흡연 감지 센서부터 모션 인식 지팡이까지

반도체 센서는 우리 삶의 편의와 안전을 위한 방향으로 발전해 왔고, 발전해 나가고 있다. 그 대표적인 예가 바로 안개 낀 고속도로를 지키는 레이더 센서다. 고속도로를 달리는 자동차는 하루 약 500만 대다. 고속도로에서 낙석이나 포트홀이 발생하면 자칫 대형 사고로 이어질 수 있다. 이에 한국도로공사에서는 CCTV 관제와 고객 제보 등을 통해 교통상황 관리를 해 왔으나 이것만으로 상황을 인지하기에는 상당한 시간이 걸렸고, 거기에 기상 상황까지 좋지 않으면 인지가 더욱 늦어져 빠른 대응이 어려웠다.

이 시간을 획기적으로 줄일 방법이 없을지 고민하던 한국도로공사

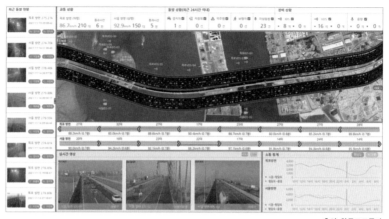

한국도로공사의 카메라, 레이더를 활용한 관제 시스템 화면

는 반도체 센서를 활용하기로 하고, 교통상황 관리에 CCTV와 함께 첨단 센서인 레이더를 통해 종합적인 정보를 수집하고 AI로 분석하는 시범사업을 진행하고 있다. 레이더에 기반한 디지털 교통상황 자동관제는 기상환경 등에 관계없이 24시간 도로를 관측할 수 있다. AI 자동분석을 통한 실시간 상황 인지가 가능하기 때문에 수 초 만에 돌발 상황을 파악할 수 있게 된다.

해당 시스템을 시범적으로 운영하고 있는 곳은 안개가 자주 발생하는 서해대교 등 사고 취약 구간 3개 소다. 정체·사고 등이 자주 발생하는 집중 관리 구간을 정해 지속적인 기술검증을 진행할 계획이다.

이렇게 교통 상황을 파악하는 데 레이더를 활용하는 나라는 또 있다. 대체로 교차로에서 차량 움직임을 감지하는 레이더를 설치해 교통량을 파악하는 방식인데, 이스라엘과 베트남 등지에서도 테스트 중이다. 이처럼 레이더가 활발하게 적용되고 있는 건 기상 상황이 좋지 않을 때도 관제가 가능하고, 사생활 보호도 되기 때문이다. 도시의 사물과 사람을 인식하는 용도로도 레이더 센서가 확산되고 있다. 다만 사생활 보호의 이면에 해상도가 떨어지는 단점도 언급되고 있는 게 사실이다. 이 부분은 라이다 센서로 보완할 수 있다. 다양한 종류의 센서와 카메라 등이 서로 보완하면서 원하는 정보를 수집하는 장치로 활용되고 있다.

카셰어링 서비스의 가장 큰 골칫거리였던 차내 흡연도 이제는 센서가 잡아낸다. 대부분의 서비스 차량이 금연을 조건으로 하고 있지만 앱으로 차량을 빌려 반납하는 서비스의 특성상 이용자가 흡연을 해도 이를 막거나 적발할 방법이 없었다. 개인의 사생활 보호를 위해 블랙박스 실내 음성도 녹음되지 않기에 더더욱 어려웠다.

카셰어링 업체 쏘카는 2022년 11월 흡연 감시 센서를 시범 도입했다. 차량 관제 시스템에 흡연 여부를 감지할 수 있는 센서를 추가 연동하기로 한 것이다. 이를 통해 담배 냄새를 이유로 한 취소가 줄어들면 보다 원활한 운영이 가능해질 것으로 기대하고 있다. 취소도 문제이지만 담배 냄새를 없애기 위해 세차를 하는 동안 차량을 운영하지 못하는 것도 회사 입장에서는 큰 손해였을 텐데 이번 시도가 성공적으로 정착되면 깨끗한 차량이라는 긍정적인 이미지는 물론, 반도체 센서 기술을 활용해 문제를 해결하는 첨단 기업의 이미지도 갖게 될 수 있지 않을까.

독거노인과 중증장애인을 위한 돌봄서비스에도 반도체 센서 기술이 활용되고 있다. 2020년 보건복지부는 독거노인 및 중증장애인의

쏘카 엔지니어들이 차량을 테스트하고 있는 모습

집에서 화재, 낙상, 건강상 응급상황 등이 발생했을 때 이를 실시간으로 소방서(119)에 알리고, 도움으로 이어질 수 있게 하는 '차세대 응급 안전안심서비스 댁내 장비' 10만 대를 해당 가정에 보급했다. 이 장비는 응급호출기, 화재 감지기, 활동량 감지기(심박·호흡), 조도·습도·온도 감지 센서 및 태블릿PC 기반의 통신단말장치(게이트웨이) 등으로 구성돼 있다. 댁내 장비는 2008년부터 보급되었으나 그 당시 장비는 화재·가스 감지기와 통신단말기뿐이었기 때문에 2020년부터 보급되고 있는 장비와는 차이가 크다.

이 장비에 포함돼 있는 각종 센서는 독거노인이나 중증장애인의 집안 활동, 심박·호흡, 수면시간 등을 24시간 감지하고, 침대에서 떨어지거나 화장실에서 쓰러지는 등의 응급상황이나 집에서 화재가 일어났을 때 게이트웨이를 통해 자동으로 119를 호출, 또는 응급 버튼만

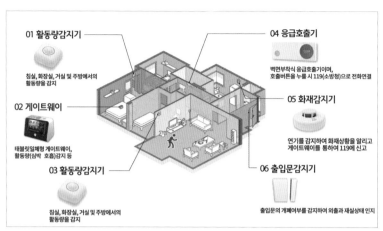

01 활동량감지기
침실, 화장실, 거실 및 주방에서의
활동량을 감지

02 게이트웨이
태블릿일체형 게이트웨이,
활동량(심박 호흡)감지 등

03 활동량감지기
침실, 화장실, 거실 및 주방에서의
활동량을 감지

04 응급호출기
벽면부착식 응급호출기이며,
호출버튼을 누를 시 119(소방청)으로 전화연결

05 화재감지기
연기를 감지하여 화재상황을 알리고
게이트웨이를 통하여 119에 신고

06 출입문감지기
출입문의 개폐여부를 감지하여 외출과 재실상태 인지

출처: 보건복지부

보건복지부가 보급하는 응급안전안심서비스 댁내 장비

누르면 119를 호출할 수 있도록 시스템화되어 있다. 뿐만 아니라 응급
상황이 발생하면 지역의 응급안전안심서비스센터 담당자에게도 동시
에 알람이 전달되도록 연동시켰다. 코로나19로 인한 팬데믹 상황에서
는 생활지원사가 집에 방문하지 않아도 비대면으로 돌봄을 하는 데
활용되기도 했다.

지자체들은 노인 돌봄 인력 부족 문제를 보완하는 데도 반도체 센
서를 활용해 데이터를 분석하고 현황을 파악한다. 서울디지털재단에
따르면 영등포구는 관내 독거노인 가정에 밀리미터파mmWave 기반의
레이더 센서와 환경 센서가 내장된 기기를 설치해 심박·호흡·수면·
활동량·거리 등의 생체 정보와, 온도·습도·조도·총휘발성유기화합
물TVOC 등의 환경 정보를 수집해 모니터링한다. 이 장비는 60GHz 초
고대역 주파수를 사용하는 레이더 센서를 이용해 1mm 이하의 미세

한 움직임을 감지하기 때문에 활동량, 호흡 패턴, 심박수, 심박의 패턴, 수면 질 파악이 가능하다.

기업들에서도 노인 전용 혁신 제품들을 잇따라 출시하고 있다. 삼성경제연구소에 따르면 1909년부터 보행용 지팡이를 만들어 온 프랑스 회사 페이엣Fayet은 센서를 부착한 지팡이를 개발했다. 페이엣의 지팡이에는 모션·가속도계·자이로스코프 센서와 GPS 등을 내장해 사용자의 보행습관을 센싱한다. 평소 사용자가 어떻게 걷는지 데이터로 저장해 급격한 보행 자세 변화 여부를 판별하고, 갑작스러운 변화나 낙상이 의심되면 가족이나 의사에게 자동으로 정보를 전송해 응급상황을 미연에 방지한다.

프랑스의 스마트워치 회사 PK비탈리티PKvitality는 채혈을 하지 않고도 사용자의 당 수치를 측정하는 스마트워치를 개발했다. 스마트워치 밑에 바이오센서와 피부 측정 기기를 탑재해 당 수치를 분석하는 방식이다.

이처럼 다양한 현장에서 우리의 삶을 긍정적인 방향으로 이끌기 위한 기술 개발에 노력을 아끼지 않고 있다.

센서의 스마트한 친구들
- AI, 빅데이터, 디지털 트윈

반도체 센서를 통해 만들어진 데이터는 그 자체로 기계나 장치를 움직이는 용도가 될 수도 있지만 수많은 센서가 모여 대용량 데이터를 제공할 수도 있다. 센서가 활용되는 분야가 확대되면서 데이터도 늘어나는데 이렇게 생성된 데이터를 중요한 '정보'로 만들기 위해서는 초연결·초지능을 가능하게 해 주는 AI, 빅데이터, 디지털 트윈 등 4차 산업혁명을 대표하는 기술들이 필요하다. 반대로 생각하면 이런 기술들 역시 센서가 공급해 주는 데이터가 없으면 무용지물인 것이다. 소셜미디어SNS에 돌고 있는 AI와 데이터의 관계를 잘 표현해 주는 우스갯소리가 있다.

이런 아이(AI)한테 우리의 불확실한 미래를 맡길 수 있을까?
- 데이터가 없으면 아무 일도 못하는 AI
- 데이터에 편향적인 AI
- 학습한 부분은 잘하는데 학습한 범위를 벗어나면 '멘붕'되는 AI
- 답은 잘 내는데 인과관계를 설명 못하는 AI
- 시간이나 상태에 따라 변하는 동적 문제를 풀기 어려워하는 AI

디지털 트윈은 반도체 센서를 통해 수집한 데이터를 활용해 가상세계에 똑같이 구현하는 기술이다. 최근 아산시에서 도입한 디지털 트윈 물관리 시스템이 화제를 모으면서 디지털 트윈 기술에 대한 관심이 높아지고 있다.

아산시는 지난 2020년 집중호우로 제방 4.4km가 유실되고 농경지 103ha 및 가옥·시설물 174동이 침수돼 327명의 이재민이 발생하기도

강우 및 수위 자료를 활용한 강우·수위 시뮬레이션 구현

아산시의 디지털 트윈 기반 지능형 하천관리체계

했을 만큼 잦은 비 피해로 어려움을 겪어 왔다. 이에 시는 국토교통부와 함께 디지털 트윈 시범사업을 통해 지능형 하천관리체계를 구축하기로 한다. 플랫폼 구축을 맡은 LX공사는 이미 전주시에서 IoT로 수온과 수심, 용존산소량 등을 측정해 실시간으로 하천 관리를 시도한 바 있었기 때문에 이 기능을 활용해 아산시 내 하천 수위를 관제하고 상류 지역의 하천 상황을 파악하기로 했다. 우선 아산시의 수위관측소 네 곳에서 데이터를 수집하고, 여기에 기상청의 시간당 강우량까지 조합해 시뮬레이션 기능을 갖춘 디지털 트윈을 개발한다. 그리고 CCTV로 실시간 영상을 확인해 원격으로 하천 상황을 파악하며 수문을 관리함으로써 하천 범람을 예방할 수 있게 했다. 이 기술은 2022년 여름, 기록적인 폭우를 기록했을 때 빛을 발했다.

CES 2023이 주목한 센서

미국 라스베이거스에서 열리는 CES에서는 그해 가장 선진적인 기술을 만날 수 있다. 가전, 자동차, 통신할 것 없이 전 세계에서 기업, 연구원, 대학들이 첨단 기술을 전시하며 트렌드를 공유한다. 2023년 1월 3일부터 8일까지 열린 CES 2023은 기존과는 다른, 메타버스의 미래를 직관할 수 있는 전시회였다는 평가를 받았다. 특히, 센서의 힘으로 재무장한 메타버스는 최대한 현실에 가깝게 구현될 수 있다는 것을 확인시켜 줬다.

메타버스는 무궁무진한 세상을 그릴 수 있지만, 인간의 오감 중 시각과 청각밖에 만족시킬 수 없다는 한계가 있었다. 내가 있는 세상을 오감 그대로 또 다른 세상에서 그대로 느낄 수 있다면 메타버스는 한 차원, 아니 세 차원은 다른 공간이 될 것이다. CES 2023에서는 그 가능성이 확인됐다. 다수의 언론에서 2023년이 메타버스 생태계의 원년이 될 것이라고 표현했을 정도다.

일본의 디스플레이 기업인 샤프SHARP는 초고해상도 디스플레이와 초소형 근접 센서를 장착한 가상현실VR 헤드셋을 선보였다. 초소형 근접 센서는 적외선을 사물에 쏘고, 그 빛이 반사돼 돌아오는 데 걸리는 시간을 측정해 거리를 계산하는 센서다. 이 센서를 통해 헤드셋이 손동작을 인식하고, 동작 정보를 그대로 반영할 수 있게 한 것이다. 수년 전 VR 기기 기업들이 손동작을 인식할 수 있는 컨트롤러를 선보이면서 손동작을 인식해 반영하는 프로그램들도 발전을 거듭해 왔다. 손의 움직임을 감지하는 직업 교육 프로그램들이 대표적이다.

반대로 디지털 세상의 다양한 정보를 실제 촉각으로 전달하는 햅틱 장갑이나 촉각 수트도 전시에서 붐을 이뤘다. 수술과 같은 매우 민감한 작업 동작을 원격으로 제어하기 위해서는 촉각의 전달이 필수적이다. 한쪽에서 센서로 촉각을 인식해 원격에 있는 의사에게 정확하게 전달할 수 있다면 원격 수술도 불가능한 일은 아니다. 게임도 마찬가지다. 온라인 상에서 만난 게이머들이 서로 촉각까지 공유할 수 있다면 얼마나 짜릿하게 게임을 즐길 수 있을까. 센서가 메타버스의 사용자 인터페이스UI와 결합했을 때 그 힘이 상상 이상일 것이라는 점은 분명하다.

특히 국내 기업인 비햅틱스bHaptics가 선보인 무선 햅틱 장갑 '택글러브TactGlove'는 당장 상용화할 수 있을 정도의 수준을 보여 줬다. 택글러브는 장갑의 열 개 손가락 끝과 양 손목까지 총 열두 곳에 소형 모터를 달아 사용자가 촉각으로 피드백을 받을 수 있게 했다. 또한 미국 기업 햅트XHaptX는 동물의 털, 거미의 다리 감촉까지 전달할 수 있는 햅틱 장갑을 선보였다. 햅틱 장갑에 수많은 공기 방울을 넣어 세밀하게 촉각을 자극하는 방식이다. 다만 공기 방울을 제어할 수 있는 에어백과 유선으로 연결된다는 점에서 불편하다는 평이 많았다.

우리가 살고 있는 공간을 온라인에 그대로 재현하는 역할도 센서가 돕고 있다. 세계 공항 중 처음으로 CES에 전시관을 연 인천공항공사는 GPS 신호가 닿지 않는 인천공항 내부 공간 정보를 지도처럼 만들어 실내 내비게이션 서비스를 가능하게 해 주는 로봇 '에어롭'을 공

인천공항공사가 CES 2023에서 처음 소개한 에어롭

개했다. 에어롭이 실내 위치를 포함한 공간 정보를 자동으로 수집할 때 카메라와 라이다를 사용한다.

센서의 활용 범위가 대폭 넓어진 것도 CES 2023에서 주목받은 점이다. 자동차나 산업용 센서를 공급해 온 기업 보쉬Bosch는 생활 속으로 센서의 활용 범위를 넓혔다. 새로운 캠페인 'LikeABosch' 해시태그를 내건 것도 생활 속으로 스며든 보쉬 센서를 강조하기 위해서다.

CES 2023에서 보쉬 그룹 타냐 뤼케르트Tanja Rückert 이사는 "우리는 MEMS 센서를 1995년에 생산하기 시작했다."라며 "지난 5년간 우리는 과거 전체 기간의 센서 생산량을 달성했다."라고 말했다. 센서 수요가 얼마나 빠르게 성장하고 있는지 짐작할 수 있는 이야기다.

더불어 보쉬는 이번 전시에서 삶의 질을 높일 수 있는 다양한 센서의 기능들에 대해 소개했다. 초소형 전자 기계 장치를 뜻하는 MEMS는 마이크로미터나 밀리미터 정도 크기의 소형 전자 기기로, 작은 크기 때문에 물리적·화학적으로 달라지는 특성을 감지할 수 있는데 이를 활용한 센서가 바로 MEMS 센서다. 스마트폰 화면을 회전할 때 인식하기도 하고, 잔디 깎는 기계가 보다 정교하게 잔디를 깎을 수 있도록 돕기도 한다. 스마트워치에서 작은 움직임을 감지하는 것도 MEMS다. 차 한 대당 평균 스물두 개의 MEMS 센서가 장착되어 있다고 한다. 보쉬는 1995년부터 MEMS 센서 제조를 시작해 그동안 총 180억 개가 넘는 MEMS 센서를 생산했다고 한다.

앞으로는 케이크를 구울 때도, 이어폰의 성능을 높일 때도 MEMS가 역할을 할 것이라고 한다. MEMS를 통해 오븐에서는 수분 함량을 측정해 베이킹 과정을 조율하고, 이어폰에서는 원치 않는 음파를 줄일 수 있다. 마이크와 관성측정시스템IMU, Inertial Measurement Unit까지

CES 2023 보쉬 전시관

조합하면 배경 소음을 더욱 효과적으로 줄일 수 있다고 보쉬는 말한다. 마이크가 주변 소음을 걸러내고 IMU가 현재 위치를 감지해 개인화된 소음 제거 시나리오로 자동 전환한다는 것이다. 통화 중 방해되는 소음을 걸러내고 자신의 목소리를 증폭시키면 시끄러운 환경에서도 의사소통에 문제가 없게 될 것이다.

기술 발전과 동행해야 할 의식의 변화

이제는 일상의 공기처럼 익숙해져서 평소 잘 의식하지 못하게 된 반도체 센서는 무언가 위급하거나 문제적 상황이 발생했을 때 자신의 존재감을 드러낸다. 그렇게 센서가 경고를 보내고, 문제를 해결하고 났을 때에야 새삼 기술 발전에 감사하는 마음이 생긴다.

센서가 주는 신호를 무시하거나 관리 소홀로 인해 센서가 오작동하면 아찔한 대형사고로 이어지기 쉽다. 안전을 위해 장착한 센서의 신호인데 작업 능률이 오르지 않는다는 이유로 모른 체하거나 임의로 제거해 작업 현장에서 큰 사고로 이어지는 사례는 오늘날까지도 끊이지 않고 보도되고 있다. 이를 방지하기 위해서는 정부나 유관기관의 확실한 규제 조치 및 시설물 업체의 철저한 관리가 필요하다.

2022년 10월 SPC사의 빵 공장에서 일어난 사고 역시 이와 관련된 대표적인 사례다. 재료를 배합하는 교반기에는 뚜껑이 열리면 작동을 멈추고, 닫혔을 때만 작동하는 동작 센서가 부착돼 있어야 한다. 그래야 작업자가 다치치 않고 안전하게 기기를 가동시킬 수 있다. 그런데 사고가 난 교반기에는 그런 장치가 없었다. 일부러 부착하지 않은 것인지는 확인되지 않았으나 사고 직후 열린 환경노동위원회 국정감사에서 이은주 정의당 의원은 "사고 현장 방문 결과, 다른 교반기는 뚜껑이 있고, 뚜껑이 열려 있을 경우 센서가 반응해 작동이 중단되는데 사고가 난 기계는 센서와 뚜껑 없이 작업이 이뤄지다 비극이 생겼다."라면서 "사고 뒤 부랴부랴 센서를 설치했는데 이는 센서를 떼어 놓았다가 다시 붙인 것으로 추측된다."라고 말했다.

2022년 7월 대전조차장역에서 발생한 SRT 탈선사고 역시 센서 신호를 무시했을 가능성이 거론되고 있다. 탈선사고가 발생한 이날 대전의 날씨는 34도였으며, 철로의 온도는 50도에 달했다. 철로는 철을 주성분으로 하기 때문에 온도가 오르면 휘어지기도 한다. 이 때문에 레일에는 온도를 측정하는 센서가 장착돼 있고, 주요 거점에는 자동 살수장치도 설치돼 있어서 고속선로의 경우 48도 이상 오르면 선로에 자동으로 물을 뿌려 열기를 식혀 주도록 하고 있다. 자동살수장치가 없는 곳은 직원들이 물을 뿌려 선로 열기를 식히기도 한다. 뿐만 아니라 위험할 정도로 열기가 있을 경우에는 서행 운전을 하도록 규정하고 있다. 그런데 이 사고에서는 앞서 지나간 선행 열차의 승객들도 흔들림을 느껴 신고했으나 이를 제대로 보고하지 않았던 것으로 추측된다. 아무리 훌륭한 감지 기술을 갖추고 있다고 해도 '사람의 오류'가 끼어들 가능성이 있고, 이것이 곧바로 사고로 이어질 수 있음을 보여 주는 대표적인 사례다.

출처: 한국철도공사

오송역 인근 자동살수장치

에버랜드, 레고랜드 등 놀이공원에서 센서 오작동으로 놀이기구가 멈춰 승객들이 두려움에 떨어야 했던 사고도 있다. 용인 에버랜드에서는 대형 롤러코스터가 지상 20m 높이에서 갑자기 멈췄고, 춘천 레고랜드에서도 롤러코스터가 지상 25m에서 멈춰 어린이를 포함한 열아홉 명이 두 시간에 걸쳐 구조된 바 있다.

안전을 위해 기술을 개발하는 것도 중요하지만, 기술을 제대로 활용하기 위해서는 기술을 대하는 우리의 자세, 기계에 대한 꾸준한 관리 역시 반드시 병행되어야 할 것이다.

양자 기술, 6G에 기반한
5차 산업혁명을 향한 상상

2050년이 되면 지금과는 또 다른 새로운 차원의 시대가 열릴 것이다. 벌써 4차 산업혁명을 넘어 5차 산업혁명이 거론되고 있다. 증기를 활용한 제조공정의 혁신을 가져온 1차 산업혁명, 전기 혁명으로 요약되는 2차 산업혁명, 컴퓨터의 도입으로 자동화가 가속화된 3차 산업혁명에 이어 4차 산업혁명은 '초연결'과 '융합'을 핵심으로 한다. 자동차나 모든 장비들이 연결되고 이 연결을 통해 데이터를 공유하고 축적하는 시대가 4차 산업혁명 시대다. 3차 산업혁명이 효율을 위한 경쟁 우선이었다면 4차 산업혁명은 공유와 연결을 통해 각자의 경쟁력을 높이는 데 초점이 맞춰져 있다.

이를 넘어선 5차 산업혁명은 양자 기술, 6G 이동통신 등으로 완전히 새로운 뉴노멀의 시대가 될 것이라는 전망이 나온다. 아직 4차 산업혁명의 개념도 불분명한 상황에서 5차 산업혁명을 거론하는 건 시기상조라고 비판하는 사람도 많다. 트렌드 선점을 위한 마케팅 용어라는 것이다. 하지만 한편에서 미래학자들은 5차 산업혁명이 인류 역사상 마지막 산업혁명이 될지도 모른다고 예견한다. 비판자들의 말대로 5차 산업혁명이 어떤 모습일지는 모르지만 양자 기술과 6G 시대가 중심이 될 것이란 전망은 나름의 설득력을 갖는다.

양자 기술은 초신뢰 네트워크를 제공하는 양자 통신, 초정밀 계측이 가능한 양자 센서, 초고속 연산이 가능한 양자 컴퓨팅으로 구분

된다. 우리나라는 양자 통신 중 양자 암호 통신 상용화에 근접해 있다. 통신 3사가 양자 암호 통신 요금제까지 출시했다.

양자 센서에 대해서도 관심이 뜨겁다. 최대규 한국지능정보사회진흥원 지능형인프라본부장은 〈전자신문〉 기고를 통해 "산업적 응용 범위가 넓은 양자 센서는 현재까지 기술개발을 위한 부품과 장비 중심으로 성장했다. 자력, 중력, 이미징 센서 등 정밀 제어 계측 영역으로의 시장 확대가 예상된다. 특히 미국의 하니웰Honeywell을 비롯, 영국·덴마크·호주·캐나다 등에서 벤처 기업 중심으로 다양한 센서가 개발되고 있고, 최근 프랑스에서는 해군함대에 양자 중력 센서를 보급해 바다의 중력지도 실증에 나서고 있다."라고 전했다.

그렇다면 5차 산업혁명 시대에는 정말 무엇이 가능해질까. 개인적인 생각이지만 5차 산업혁명 시대에는 현재의 센서를 넘어선 초정밀 양자 센서로 모든 변화와 동작을 센싱해 데이터화하는 시대가 되지 않을까 예상해 본다. 양자 통신까지 결합하면 공간과 이동의 제약은 사라질지도 모른다. 학생들은 집중도 잘 안 되고 교사는 학생들을 제대로 챙기기도 어려웠던 원격 수업은 홀로그램 등으로 완전히 새로운 형태의 수업이 된다. 매일매일 미세하게 건강 상태를 자동으로 체크하는 것을 넘어 언어의 장벽도 사라질 것이다. 또한 생각과 생각이 이어지는 시대가 될지도 모른다.

옛날부터 영화나 만화에서 그리는 미래가 과학자들의 예견보다 더 현실이 된 경우가 많았다. 손 안의 TV, 전기자동차 등등 무려 1960년대에 50년 후를 내다본 미래 만화를 그려 화제가 된 이정문 화백이 대표적이다. 기술은 기술 자체의 로드맵보다 사람의 수요에 의해 발전하게 되는 경우가 많은데 인문학적 상상력은 사람의 생각과 마음에 근거한다. 그런데 과학자들은 전체적인 그림보다 한 분야에만 집중해 연구하는 경향이 있다 보니 만화적 상상력을 발휘하기 어려운 것이다.

초정밀 영역까지 감지할 양자 센서는 무엇까지 센싱할 수 있을까. 뇌파의 흐름을 감지하고 이를 시각화나 수치화한 데이터와 매칭해 과거 기억 또는 생각까지 보여 주는 시대도 가능할 수 있지 않을까. 만화가 천계영의 웹툰 〈좋아하면 울리는〉에는 '사랑'을 감지하는 '좋알람'이 등장한다. '좋알람'은 자신을 좋아하는 사람이 반경 10m 이내에 들어오면 알람을 울리는 앱이다. '좋알람'을 통해 내가 누구를 좋아하는지, 누가 나를 좋아하는지 알게 되면서 만화 속 주인공들은 삶의 큰 변화를 겪는다. 기발한 상상력과 탄탄한 스토리로 웹툰이 큰 인기를 모으면서 넷플릭스 드라마로도 제작됐다.

지금은 그저 '상상'일 뿐인 '사랑'을 읽는 센서도 30년 후라면 가능하지 않을까.

- 우리는 조도 센서, 터치 센서, 중력 센서, 온도 센서, 습도 센서, 동작 센서 등등 수많은 반도체 센서에 둘러싸여 살아가고 있다.
- 반도체 센서는 삶의 편의와 안전을 위한 방향으로 발전해 왔다.
- 한국도로공사에서는 레이더를 활용해 고속도로의 교통상황을 파악한다.
- 쏘카는 차내 흡연 감지 센서를 시범 운영하며 차내에서 흡연을 방지하고자 한다.
- 보건복지부에서는 독거노인이나 중증장애인의 가정에 응급안전안심서비스 댁내 장비를 보급해 돌봄 인력 부족 문제를 보완하고 있다.
- 센서가 주변을 감지해 만든 데이터를 중요한 '정보'로 활용될 수 있게 하는 건 AI, 빅데이터, 디지털 트윈 등의 기술이다.
- CES 2023에서는 다양한 기업들이 센서의 중요성과 발전 가능성을 강하게 피력했다.
- 편의를 위해 개발한 센서의 신호를 무시하면 큰 사고로 이어질 수 있기에 항상 주의를 기울여야 한다.
- 5차 산업혁명은 양자 기술과 6G의 시대다. 초정밀 양자 센서가 모든 변화와 동작을 센싱해 데이터화하는 시대가 곧 도래할 것이다.

chapter **5**

혁신의 실험실, 리빙랩의 시대

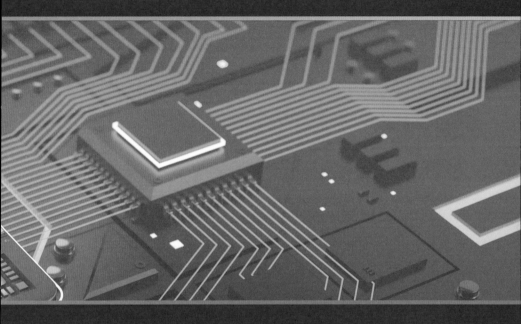

김 민 선

한국생산기술연구원 소장

2000년 서울대학교 공학박사. 2003년부터 현재까지 한국생산기술연구원에서 소재부품 및 산업융합 연구개발에 기여해 왔으며, 국가과학기술자문회의 심의위원, ICT융합전문위원, 기계소재전문위원장 등을 역임, 과학기술정책에 기여하는 한편, 스마트안전 리빙랩 사업의 총괄책임자로서 국내 최초 산업 혁신 리뱅랩을 구축하는 등 실증 기반의 신제품 사업화를 위해 활동 중이다.

즉, 리빙랩은 다양한 이해관계자들이 참여해 혁신 활동을 수행하는 방법론이자 플랫폼으로, 사회문제 해결에서부터 신기술 및 제품·서비스 개발 등에 이르기까지 다양한 영역으로 확장, 적용되고 있다. 대표적인 예로 앞에서 설명한 유럽 리빙랩 네트워크의 경우 2006년 설립 이후 다양한 분야에서 사회 혁신을 위한 440여 개의 리빙랩을 운영해 왔다. 공동체를 통한 사회문제 해결, 개발된 기술의 활용 및 신제품·서비스의 실증 등 운영 목적에 따라 다양한 유형의 리빙랩이 존재하며, 혁신을 위한 수단으로서 리빙랩을 분류하면 크게 사회 혁신 리빙랩과 산업 혁신 리빙랩으로 나눌 수 있다.

리빙랩living lab을 단어 뜻 그대로 해석하면 '살아 있는 실험실'이다. 살아 있는 실험실이란 무엇일까.

쉽사리 개념이 그려지지 않는다면, 먼저 머릿속에 실험실을 떠올려 보자. 실험 장비가 갖춰진 공간, 하얀 실험실 가운을 입은 연구자들의 모습이 떠오를 것이다. 연구해야 할 과제가 있고, 이에 대한 해결 방안을 찾기 위해 분주한 모습들이다. 문제를 푸는 과정을 연구라고 하면 우리는 누구나 연구자가 될 수 있다. 그리고 그 문제를 풀어나가는 공간은 모두 실험실이 된다.

살아 있는 실험실, 리빙랩에서는 문제를 풀어나가기 위해 참여하는 사람은 모두 연구자이고, 살아가는 공간이 모두 실험실이 된다. 따라서 리빙랩은 문제 해결을 위한 하나의 방법론이라고 할 수 있다.

이에 대해 좀 더 구체적으로 살펴보자. 리빙랩에서는 먼저 문제를 정의한다. 그리고 실제 그 문제를 안고 있는 주체가 누구인지를 판단하고 다음으로 그 주체자를 관찰함으로써 해결 방안을 찾는다.

주체자인 사용자를 잘 관찰하는 것은 리빙랩에서 가장 중요한 과제다. 이때 중요한 건 사용자 스스로 자신이 관찰되고 있다는 사실에 대해 불편감을 느끼지 않는 것이기 때문에 이를 위한 효과적인 방법도 함께 모색되어야 한다. 리빙랩에서 반도체 센서는 사용자의 행동뿐 아니라 신체적·정신적 정보를 매우 용이하게 관찰하는 핵심 요소다.

최근 활발하게 활동하고 있는 리빙랩 현황과 대표적인 국내외 리빙랩 사례를 소개하며 리빙랩의 첨단 기술을 함께 들여다보자.

살아 있는 실험실, 리빙랩

리빙랩이라는 용어는 미국 매사추세츠공과대학교MIT 미디어랩에서 수행한 플레이스랩Place Lab 프로젝트에서 유래했다. 새로운 정보통신기술ICT에 최적화된 주거 환경을 연구하기 위해 학교 근처 아파트를 빌려 수백 개의 센서와 카메라로 거주자의 행동을 관찰한 것이 '사람이 머물며 생활하는 실험실(Live-in/Living Laboratory)'의 시작이다.

MIT 사례와 같이 초기의 리빙랩은 연구개발 결과에 대한 실증 등 기술 중심적이었으나, 2006년 유럽연합EU의 19개 도시가 유럽 리빙랩 네트워크ENoLL, European Network of Living Lab를 결성하면서부터는 다양한 사회문제 해결을 위한 사용자 주도형 설계 및 실행이라는 적극적 의미를 띠게 됐다.

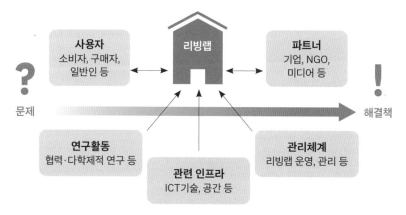

리빙랩 개념도

국내에서도 초기에는 사회문제 해결을 중심으로 적용됐으나, 최근
에는 '살아 있는 실험실' 또는 '일상생활 실험실', '사용자 참여형 혁신
공간' 등으로 불리며, 특정 공간 및 지역을 기반으로 공공 연구 부문,
민간기업, 시민사회가 협력해 혁신 활동을 수행하는 '혁신 플랫폼'의
개념으로 확장돼 활용되고 있다.

즉, 리빙랩은 다양한 이해관계자들이 참여해 혁신 활동을 수행하
는 방법론이자 플랫폼으로, 사회문제 해결에서부터 신기술 및 제품·
서비스 개발 등에 이르기까지 다양한 영역으로 확장, 적용되고 있다.
대표적인 예로 앞에서 설명한 유럽 리빙랩 네트워크의 경우 2006년
설립 이후 다양한 분야에서 사회 혁신을 위한 440여 개의 리빙랩을
운영해 왔다. 공동체를 통한 사회문제 해결, 개발된 기술의 활용 및
신제품·서비스의 실증 등 운영 목적에 따라 다양한 유형의 리빙랩이
존재하며, 혁신을 위한 수단으로서 리빙랩을 분류하면 크게 사회 혁

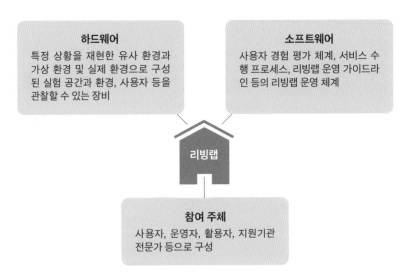

리빙랩의 구성요소

신 리빙랩과 산업 혁신 리빙랩으로 나눌 수 있다.

　다양한 이해관계자들이 함께 문제를 풀어가는 리빙랩이 운영되기 위해서는 몇 가지 구성요소가 필요하다. 첫째는 리빙랩 운영을 위한 실험 공간과 관찰 장비 등을 포함한 하드웨어적 요소, 둘째는 리빙랩 운영체계 등의 소프트웨어적 요소이고, 마지막은 참여 주체다. 신제품·서비스 등 새로운 기술의 실증을 목적으로 운영되는 산업 혁신 리빙랩의 경우 사용자의 피드백이 수집되는 실험 공간은 매우 중요하다. 따라서 사용자로서의 피험자의 자연스러운 반응을 관찰하기 위한 방법으로 원 웨이 미러one-way mirror 또는 카메라 등이 활용되며, 가상 환경의 경우 VR·AR 기술 등을 통해 실사감을 높이기 위한 연구들이 수행돼 왔다. 사용자, 운영자 등 리빙랩의 참여 주체는 다양한 이해관계자들의 참여를 통해 문제를 해결한다는 리빙랩 방법론 관점에서 중요한 요소라 할 수 있고, 특히 수요를 제시하고 문제해결 방향을 제안하는 등 사용자의 참여는 리빙랩의 가장 중요한 구성요소다.

리빙랩에서 반도체 센서는 사용자의 다양한 변화를 감지해 신호, 즉 데이터의 형태로 전달해 주는 역할을 한다. 지금부터 국내외 다양한 리빙랩의 사례를 살펴보며 리빙랩에 숨어 있는 센서 기술에 대해 알아보자.

유통의 새로운 미래, 베타 스토어

미국 실리콘밸리에 처음 문을 연 베타b8ta 스토어는 다양한 기업의 제품을 전시하고 소비자에게 보여 주는 오프라인 매장이다. 여기까지는 기존의 편집숍과 크게 다를 바 없어 보인다. 하지만 이 매장은 유통의 미래라 불리며 현재 미국 전역을 넘어 세계로 확대되고 있다. 이 매장엔 어떤 차이가 있을까.

기존 리테일 매장들은 제품 판매를 강조하지만 베타 스토어는 물건을 팔지 않는다. 대신 고객 데이터 수집에 집중한다. 베타 스토어에서는 AI 카메라를 활용해 고객의 행동 패턴을 분석하고, 제품에 대한 고객 반응 데이터를 수집하며, 이렇게 얻은 소비자 데이터를 매장의 입점 기업에 전달한다. 입점 기업은 전달받은 데이터로 자신의 제품을 좋아하는 소비자가 누구고, 이들이 제품에 대해 어떤 경험을 하는지 분석해 이를 기반으로 제품 개선과 마케팅으로 연결시킨다.

2015년 미국 실리콘밸리에서 출발한 스타트업 기업인 베타는 현재 미국·일본·사우디아라비아 등 전 세계 스물여섯 곳에 체험형 오프라인 매장을 운영하고 있다. 베타의 매장에서는 스타트업 기업을 비롯, 다양한 기업의 제품들을 만날 수 있다. 데모 그래픽 카메라와 AI 카메라로 고객 행동을 수집하고, 고객의 행동 데이터, 매장 직원과의 대화 내용 등을 분석해 관련 기업에 리포트 형태로 전달한다. 이때 매장 직원의 주 업무는 고객에게 제품 구매를 권하는 대신, 제품을 구매하고 싶은 이유나 제품의 불편한 점 등 고객의 의견을 듣는 것이다. 대신 고객들에게 아마존과 같은 오픈마켓에서 제품을 구매할 수 있도록 지원하며, 기업으로부터는 고정 임대료만 받는다.

이런 시스템으로 운영되고 있는 베타는 오프라인 매장이 필요한 기업에도, 더욱 다양한 제품을 경험하고자 하는 고객에게도 필요한 공간으로 자리 잡고 있다. 유통의 형태가 온라인으로 매우 빠르게 확장되고 있는 현시점에 오프라인 매장을 고집하고 있는 베타가 유통의 미래라고 불리는 이유는 바로 고객 경험이 유통의 대상이 될 수 있다는 발상의 전환 덕분이다. 오프라인 매장을 통해 고객에게는 새로운 제품과 서비스에 대한 실제적인 경험을, 제품과 서비스를 판매하려는 기업에는 고객 경험의 분석 결과를 제공하는 베타 스토어가 앞으로 더욱 다양한 분야에서 확장되기를 기대해 본다.

베타 스토어 내부 전경

스마트홈 테스트를 위한 UL 솔루션스의 리빙랩

UL 솔루션스UL Solutions는 미국 최초의 안전 규격 개발 기관이자 인증 회사로, 제품 안전 시험 및 인증 발행, 환경 시험, 제품 성능 시험, 헬스케어 및 의료기기 인증 발행, 교육 및 세미나 등의 서비스를 제공하고 있다. 이런 UL 솔루션스에서 특별한 실험실을 만들었다. 바로 실사용 환경에서의 스마트홈 테스트를 위한 리빙랩이다. 본사의 연구소 확장을 위해 설계된 UL 솔루션스 리빙랩은 지상 2층, 2,500ft^2(약 232m^2) 규모의 가구가 완비된 집으로, 실리콘밸리 근처 주택가에 위치

UL 솔루션스의 주택형 리빙랩 외부

UL 솔루션스의 주택형 리빙랩 내부

해 있다.

일반적인 미국 주택의 구조로 1층에는 거실과 부엌이, 계단으로 연결된 2층에는 침실 두 개와 다용도실이 구비돼 있어 스마트홈 개발자나 스마트홈에서 사용되는 제품을 제공하는 기업들이 실제 주택 환경에서 사용자 시나리오를 기반으로 제품을 테스트할 수 있다.

이곳에서는 실제 환경에서 스마트홈 구축을 위한 IoT 및 음성인식 관련 장치 간의 통신이 원활한지, 상호운용성에 이상이 없는지, 물리적으로 제품을 설치했을 때의 성능 및 사용자 경험을 평가한다.

UL 솔루션스 리빙랩이 지향하는 가치는 브로슈어에 담겨 있는 짧은 문구를 통해 가늠해 볼 수 있다.

"스마트홈, 실험실 밖 현실 세계로SMART HOME TESTING OUT OF THE LAB AND INTO THE REAL WORLD."

숨어 있는 센서

- 음성인식 센서: 전자제품 제어를 위한 음성명령 인식
- 환경 센서: 실내의 조도, 습도, 온도를 측정

미래 주택을 위한 여정, 스웨덴 주택협동조합의 리빙랩

스웨덴 예테보리에 위치한 스웨덴 주택협동조합 호에스베HSB의 리빙랩은 미래의 가정을 위한 지속가능한 솔루션을 찾는 모듈형 아파트 형태의 생활 실험실로, 4층 건물에 29세대로 구성되어 있다. 내부에는 모니터링 스테이션과 데이터를 수집하고 분석하는 2,000여 개의 센서가 장착돼 있고, 벽 등 내부 구조를 바꿀 수 있을 뿐만 아니라 해체도 가능한 독특한 공간이다. 차세대 주택을 위한 혁신 기술과 솔루션을 테스트하기 위해 지방자치단체와 비즈니스 커뮤니티 및 연구 커뮤니티가 이곳에서 직접 거주하며 함께 연구를 진행하고 있다.

일상 속 일반 시민들의 지속 가능한 삶과 관련된 다양한 주제를 대상으로 한 연구개발은 물론, 관련 제품·서비스(시스템)를 설치해 운영하는 등 혁신 활동 수행하고 있으며 각 프로젝트는 10년 주기로 진행 중이다. 2017년 첫 프로젝트 '음식물 쓰레기 처리 시스템에 대한 사용성 평가'를 시작으로 최근에는 '세탁의 미래'라는 주제로 세탁 행동이 환경에 미치는 영향에 대해 연구 중이다.

이 프로젝트를 위해 연구팀은 현대적이고 독특한 세탁실이 구현될 수 있도록 지하실에 있던 세탁실을 입구 층으로 옮기고 해당 장소를 주민들을 위한 사교 모임 장소로 사용하게 했다. 또한 프로젝트에 참여하는 사람들의 옷에 RFID 칩을 부착해 특정 의류의 세탁 빈도를 측정하고, 세탁 방법, 세제와 세탁기의 종류 등 세탁 행동이 환경에

HSB의 모듈형 아파트 형태의 리빙랩

미치는 영향을 분석하는 데 필요한 데이터를 모으고 있다. 이러한 분석이 추후 사람들의 세탁 행동에도 변화를 가져오게 될지 그 결과가 궁금해진다.

> ### 숨어 있는 센서
>
> - 움직임 감지 센서: 사용자의 세탁실 입출 인식
> - pH 센서: 세탁 폐액의 수질 분석

우리나라의 스마트 안전 리빙랩

스마트 안전 리빙랩은 융합 신제품의 출시와 신시장 진출에 어려움을 겪는 혁신 기업들을 지원하기 위해 한국생산기술연구원(이하 생기원)이 산업통상자원부의 지원을 받아 2019년 12월, 화성시 동탄에 구축한 사용자 참여형 실험실이다.

생기원의 스마트 안전 리빙랩은 생활 안전과 산업 안전 두 개 분야로 나누어 운영하고 있으며 비즈니스 모델 개발부터 사용자 중심 실증 및 인증까지 종합적인 지원 서비스를 제공하고 있다. 특히 생활 안전 분야의 스마트 안전 리빙랩은 안전사고가 가장 많이 발생하는 고령자와 유아를 위한 제품 및 서비스 실증이 가능하도록 요양원과 유아원에 대한 유사 공간을 갖추고 있으며, 직접 관찰이 가능한 원 웨이 미러와 간접 관찰을 위한 카메라, 그리고 조도, 온도, 습도 및 미세먼지 등을 모니터링할 수 있는 환경 센서가 구축돼 있다. 이런 모니터링 장비와 센서들을 통해 수집된 데이터는 ICT 통합 모니터링 시스템에서 저장 및 분석되며 공간에 내재화된 센서들 외에도 동작 분석 시스템, 근전도 측정 시스템, 시선 추적기 등의 사용자 경험을 평가할 수 있는 다양한 장비들을 갖추고 있다. 작업 현장의 추락으로부터 안전을 지켜 주는 웨어러블 에어백, 작업자 근골격계 보호를 위한 착용형 로봇용 하네스, 시각장애인을 위한 내비게이션 등 안전을 위한 다양한 제품과 서비스들이 스마트 안전 리빙랩을 통해 실증되고 있어 향후 안전 신산업을 위한 교두보로서 큰 역할을 할 것으로 기대된다.

오픈형 회의실

요양원 리빙랩

주거공간 리빙랩

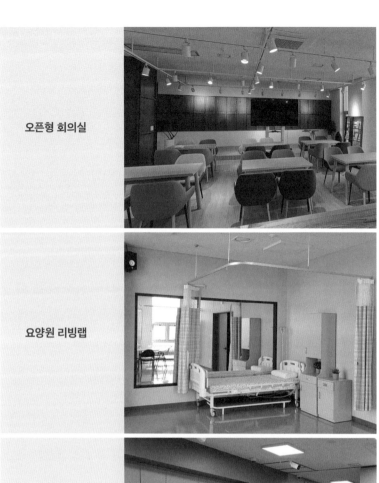

숨어 있는 센서

- 환경 센서: 온도, 습도, 조도, 미세먼지 측정
- 압력측정 센서: 수면 자세 분석

지금까지 국내외 리빙랩 사례들을 통해 리빙랩의 개념과 그 안에 숨어 있는 반도체 센서들에 대해 살펴보았다. 어기 언급된 몇 가지 센서들은 변화를 감지하고 데이터의 형태로 전달해 주는 센서의 역할에서 본다면 매우 일부분일 것이다. 리빙랩에서 이미 활용되고 있는 것들 외에도 우리의 상상을 실현시켜 줄 새로운 센서들이 앞으로 더 많이 세상에 나올 것이다. 이를 통해 수집되고 쌓여 가는 데이터를 활용해 더 나은 삶으로 혁신해 가는 미래를 꿈꿔 본다.

참고문헌

• 김민선·김필성·윤정민, "산업 혁신 플랫폼, 리빙랩의 구축과 활용방안", 《IE매거진》, 제27권 제2호, 2020.
• 김민주, "상품이 아닌 데이터를 파는 시대 '에이아이 리퍼블릭(AI Republic)'", 〈IT BizNews〉, 2021. 6. 2.
• 신주희, "미래의 리테일을 말하다, 판매보다 중요한 '이것'", 《디지털 인사이트》, Vol.259, 2022.
• 세아향, "신뢰할 수 있는 IoT 제품 표준을 제시하는 120년 전통 글로벌 안전과학회사 UL인증'", 〈세아향의 IT트렌드 이야기〉, 2017. 12. 22, https://m.post.naver.com/viewer/postView.nhn?volumeNo=11474182&memberNo=1834

SUMMARY

- 살아 있는 실험실, 리빙랩은 실제 공간 또는 물건을 사용하는 사람들을 관찰함으로써 문제를 해결해 나가는 공간이다.

- MIT에서 주거 환경 연구를 위해 거주자의 행동을 관찰하는 데서 시작한 리빙랩은 이후 다양한 사회문제 해결을 위한 사용자 주도형 설계라는 적극적인 의미를 띠게 됐다.

- 리빙랩의 3요소는 관찰하고자 하는 유사 환경을 갖춘 '하드웨어', 사용자의 어떤 부분들을 관찰할 것인지 계획하는 '소프트웨어', 그리고 사용자와 운영자, 활용자 등의 '참여 주체'다.

- 미국의 베타 스토어는 다양한 제품들을 진열해 놓고 고객들의 행동을 관찰, 그 데이터를 리포트로 정리해 각 입점 기업에 판매하는 오프라인 매장이다. 제품은 판매하지 않는다.

- 미국 UL 솔루션스의 스마트홈은 일반적인 미국 주택의 구조로 되어 있으며, 기업들이 실제 주택 환경에서 사용자 시나리오를 기반으로 제품을 테스트할 수 있도록 만들었다.

- 스웨덴 주택협동조합은 모듈형 아파트 형태의 리빙랩을 만들어 지속 가능한 삶과 관련한 다양한 주제를 놓고 관련 제품 또는 서비스를 설치, 실험 중이다.

- 우리나라의 스마트 안전 리빙랩은 생활 안전, 산업 안전 두 개 분야로 나누어 연구가 필요한 공간들을 연출하고 이용자의 직간접적 관찰을 통해 연구를 진행하고 있다.

chapter 6

전기자동차부터
에어택시까지

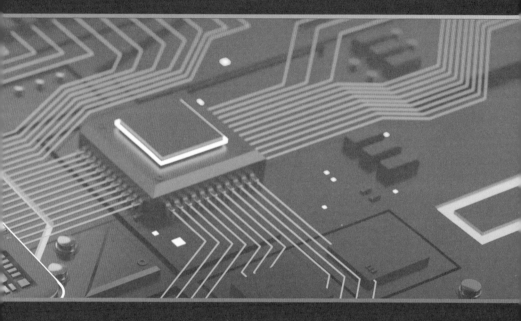

서 성 현

국립한밭대학교 기계공학과 교수

카이스트 졸업. 미국 펜실베이니아주립대학교 공학박사. 현대자동차에서 가솔린 엔진을
개발했으며, 한국항공우주연구원에서 국내 최초 터보펌프식 액체 로켓 엔진을 개발했다.
현재 국립한밭대 기계공학과 교수로 학생들을 가르치고 있다. 지은 책으로는 《모빌리티
의 미래》가 있다.

미래 모빌리티는 전동화를 통해 움직이는 다양한 이동 수단이 서로 긴밀하게 연결돼, 최적의 이동 경로를 통해 시간을 단축시킴으로써 이동하는 경험이 즐거움이 될 수 있는 방향으로 진화하고 있다. 이를 뒷받침하기 위해서는 무엇보다 이동에 있어서 안전이 우선되어야 하며, 주위 이동 환경에 대한 감지가 정확하고 빠르게 이뤄져야 한다.

지상에는 전기 자율주행차가 위성항법 신호를 받아 차량에 장착된 다양한 센서로부터 외부 상황을 감지하면서 목적지를 향해 운행하고, 하늘에는 자율비행 수직이착륙 전기비행기가 저궤도통신 위성을 통해 인터넷에 연결돼 통신을 하며, 고속도로에는 연료 전지 트럭이 군집 자율주행으로 화물을 수송하는 모습을 곧 만날 수 있게 될 것이다.

한 장소에서 다른 장소로의 이동은 우리 현대인에게 있어 가장 기본적인 활동 중 하나다. 그런데 최근 들어 이동, 교통 등의 단어가 모빌리티mobility라는 말로 자주 대체되고 있는 걸 볼 수 있다. 어떤 변화가 일어나고 있는 것일까?

모빌리티는 말 그대로 움직일 수 있는mobile 능력ability을 말한다. 이는 ICT의 급격한 발전으로 이동 환경이 뚜렷하게 변화하고 있음을 보여 준다. 이동 수단 간 연결성이 이전에 비해 현격하게 향상되었다는 건 누구나 체감하고 있을 것이다. 이동에 필요한 정보를 스마트폰을 통해 빠르게 주고받음으로써 과거엔 상상도 하지 못했던 이동 경험을 누리고 있는 것이 대표적인 예다. 모빌리티에는 탈것뿐만 아니라 어떤 이동 수단 서비스를 어떻게 사용할 것인가에 대한 정보까지 모두 포함된다.

모빌리티 변화를 이끄는 기술 외적 주요 원인은 기후 변화 위기다.

세계가 직면한 위기 해결을 위한 노력은 미래 모빌리티 발전 방향을 결정하는 중요한 요소가 됐다. 이에 따라 기존 내연기관 자동차에서 발생하는 이산화탄소를 저감하기 위한 노력이 진행 중이며, 지금껏 엔진이 차지해 왔던 자리를 전기모터가 대신하기 위해 천천히 그러나 꾸준히 애쓰고 있다.

21세기 모빌리티 기술의 변화는 어떤 방향으로 나아갈지, 그리고 그 안에서 반도체 센서가 갖는 막대한 영향력은 어디까지인지 함께 이야기해 보자.

전기차의 진화, 배터리에 달렸다

전기차 분야에서 대중의 관심을 처음 받았던 건 하이브리드 전기차 모델이다. 엔진과 모터가 가진 각각의 장점을 활용한 하이브리드 전기차는 순수 내연기관차에 비해 이산화탄소 배출이 적다. 하지만 여전히 엔진을 사용함으로써 이산화탄소를 배출하고 있기 때문에 궁극적인 해결책은 될 수 없다.

순수 전기차는 배터리만을 사용하는 배터리 전기차BEV, Battery Electric Vehicle와 연료전지로 전기를 얻는 연료전지 전기차FCEV, Fuel Cell Electric Vehicle로 나뉜다. 순수 전기차의 경우 구동 과정에서 이산화탄소를 배출하지 않는 건 맞다. 다만 생산, 판매, 소비, 그리고 가장 중요한 부분인 전기에너지를 얻는 전주기까지 포함하면, 순수 전기차라

하더라도 여전히 적지 않은 온실가스를 배출하고 있는 게 사실이다. 전기차 적용 확대에 대해 부정적 견해를 가진 사람들이 근거로 주장하는 것도 바로 이 부분이다. 따라서 전기차 도입과 더불어서는 전기차 전주기 사용 시 발생하는 온실가스 저감을 위한 노력도 필요하다.

배터리 전기차를 움직이게 하는 구동장치, 파워트레인power-train은 배터리와 전기모터로 구성된다. 이때 전기모터 기술도 중요하지만 전기에너지를 저장하고 있는 배터리가 결국 전기차의 핵심 중 핵심이다. 배터리는 전기차를 가능하게 하는 기술일 뿐 아니라 전기차 제작에 있어 큰 비용과 무게를 담당한다. 배터리 전기차가 미래의 주요 이동 수단으로 자리 잡을 수 있을까에 대한 답은 배터리 기술 발전에 달려 있다.

배터리는 우선 에너지 밀도를 높여 내연기관차에 버금가는 무게 대비 에너지 저장값을 가져야 한다. 또한 배터리 충전 시간을 내연기관차와 비교했을 때 유사한 수준으로 맞춰야 한다. 2022년 기준 가장 진보한 충전 기술을 살펴보면 800V에 가까운 전압을 갖는 배터리 모델에 한 해 급속 충전 시 80% 충전 상태SOC, State Of Charge에 도달하는 데 최소 18분이 걸린다.[●]

낮은 에너지 밀도와 긴 충전 시간 외에도 현재 전기차에 널리 적용되는 리튬이온 배터리LIB, Lithium Ion Battery에는 치명적인 단점이 있다. 바로 화재 발생 가능성이다. 다양한 외부 요인으로 인해 배터리가 발

● Hyundai Motor Group Magazine ≪Motors Line≫, 2022 #2, p.106.

충전 중인 전기차

열됐을 때, 배터리 재료가 가스를 분출하고 불이 붙을 위험이 있는 것이다. 실제로 배터리 화재 사고는 여러 건 보고된 바 있다. 열 폭주 thermal runaway에 의해 불이 붙은 배터리는 소화기를 분사하거나 산소를 차단하는 것으로도 불이 꺼지지 않는다. 배터리 팩이 소화액이 닿기도 힘든 차체 바닥에 위치해 있기 때문이다.

배터리의 에너지 저장 능력 못지않게 중요한 건 배터리 성능을 일정하게 유지시키는 배터리 매니지먼트 시스템이다. 이때는 센서의 역할이 무엇보다 중요하다. 배터리 센서가 배터리의 여러 인자들을 효과적으로 감시함으로써 배터리의 SOC와 배터리 건강 상태SOH, State Of Health를 지속적으로 확인, 최상의 성능을 유지하도록 돕는다.

배터리의 효율을 유지하고, 안전하게 오랫동안 사용하려면 배터리

매니지먼트 시스템이 정확한 판단을 내릴 수 있어야 한다. 이를 위해서는 배터리가 나타내는 물리적 값을 정확히 측정하는 센서가 필요하다.

배터리에 사용하는 센서에는 전류의 크기를 측정하는 전류 센서current sensor, 배터리 온도가 적정 범위에 있는지를 감지하는 온도 센서가 있다. 일반적으로 리튬이온 배터리 온도는 섭씨 20도에서 40도 사이로 유지되어야 한다.[*] 또한 충·방전 시 방출되는 열을 흡수하기 위해 냉각수가 배터리 주위를 순환하는데 혹시 냉각수가 새고 있지는 않은지 감지하기 위한 습도 센서humidity sensor가 있고, 배터리의 열 폭주를 감시하기 위한 대기 압력 센서barometric air pressure sensor도 있다.[**] 앞서 언급했듯 열 폭주는 배터리의 안전한 사용을 위해 반드시 극복해야 할 기술적 문제다. 이를 위해 고전압 배터리 팩의 압력과 온도 그리고 기체 성분을 감시하는 센서 클러스터의 개발과 함께 열 폭주가 발생하기 전에 이를 사전에 감지하는 센서 개발이 현재 진행 중에 있다.[***]

- [*] W. Liu, T. Placke, and K.T. Chau, "Overview of batteries and battery management for electric vehicles", *Energy Reports*, 8, 2022, pp.4058-4084.
- [**] TE Connectivity, Electric Battery Modules, https://www.te.com/content/dam/te-com/documents/sensors/global/sensors-e-mobility-in-ict.pdf
- [***] TE Connectivity, Sensors for Electric Vehicles: Glimpse into the critical role of sensors in the electric powertrain, https://youtu.be/UxXz_ZClqZY

상황을 읽고 움직이는 자율주행차

전기차가 이미 상용화를 시작한 반면, 눈앞에는 있지만 아직 잡힐 듯 잡히지 않는, 하지만 완성되었을 때는 미래에 큰 파장을 불러일으킬 모빌리티 기술이 있다. 바로 자율주행이다. 지금까지의 일반 자동차들은 스스로 움직이지 않는다. 자동차에 탑승한 운전자가 매 순간 이동 방향과 속도를 결정해야 한다. 이와 달리 자율주행차는 차에 탄 사람이 차에 목적지만 알려주면 자율주행차가 스스로 시간과 비용을 고려해 가장 효율적인 경로를 결정하거나, 차에 탄 사람에게 여러 경로를 제시함으로써 결정할 수 있게 한다. 경로가 결정되면 자율주행차가 교통 상황과 주변 환경을 파악하며 목적지까지 안전하게 이동한다.

자율주행차는 주행 시 만날 수 있는 다양한 상황과 그에 따른 판단을 위한 처리 장치, 주변 환경을 감지하기 위한 각종 센서, 그리고 판단한 결과를 집행하는 액추에이터로 구성된다. 이 중 가장 중요한 요소는 주변 환경을 고려한 안전 주행을 위해 여러 판단을 내리는 처리 장치 속 AI 시스템이다. 하지만 아무리 AI 시스템이 뛰어나더라도 시시각각 변하는 주변 환경을 정확히 감지하지 못하면 잘못된 결정을 내리기 쉽다.

자율주행차에 대한 상상은 꽤 오래전부터 이어져 왔다. 하지만 그동안 현실에서 구현하기에는 많은 어려움이 있었다. 1990년 들어 하드웨어와 소프트웨어를 포함한 컴퓨팅 능력이 눈에 띄게 발전하면서

2004년 DARPA 그랜드 챌린지에 출전한 자율주행차

자율주행 실험을 시작했다. 첫 번째 실험은 도로 환경이 상대적으로 단순한 고속도로에서였다. 1997년 미국 캘리포니아 고속도로(I-15)에서 여덟 대의 차량이 군집을 이뤄 12km에 걸쳐 자율주행 시범을 보였다. 이 차량들은 서로 통신을 하며, 고속도로에 박힌 자석들에 의해 주행이 유도됐다.

역사적으로 막강한 파급력을 지닌 기술들이 대개 그래 왔던 것처럼 자율주행 기술 역시 새로운 군사 기술의 모색에서 시작했다. 자율주행 기술이 기초 기술 시연 단계를 넘어 본격적으로 주목받은 건 미국의 국방 진보 기술 프로젝트 에이전시인 다르파DARPA가 개최한 그랜드 챌린지를 통해서였다. 2004년 열린 첫 대회에 DARPA가 내건 성공 기준은 사막에서 132마일(약 212km) 자율주행을 완주하는 것이었는데 이를 달성한 차는 한 대도 없었다. 하지만 그다음 해에 치러진

전기자동차부터 에어택시까지 **139**

두 번째 대회에서는 무려 다섯 팀이 성공했다. 이 대회를 통해 자율 주행을 위한 센서 시스템은 급격한 발전을 이뤘다.[•]

자율주행을 위한 반도체 센서에는 내부 센서와 외부 센서가 있다. 외부 센서는 차량 주위에 있는 장애물을 인식하기 위한 데이터를 제공하는 역할을 하는 것으로, 대표적으로 라이다, 레이더, 비전 카메라 센서, 초음파 센서가 있다. 이 중 가장 핵심 센서는 라이다이다. 라이다는 레이저 광원을 이용해 초당 수천 개의 레이저 펄스를 차량 주변으로 쏘고, 날아간 레이저 펄스가 반사돼 출발한 곳으로 되돌아오는 시간 간격을 측정함으로써 장애물까지의 거리를 계산해 알려준다. 다수의 펄스를 POCPoints Of Cloud라고 하는데, 이는 수천 개의 펄스를 통해 얻은 시간 데이터로, 크게는 주위의 3차원 장애물 형상 지도를 만들 수도 있다. 이때 라이다의 레이저 광원으로는 가시 영역대를 벗어난 905nm 파장을 갖는 근적외선이 주로 사용된다. 차량 주위에 있는 보행자 눈에 쏘게 되더라도 무해한 일정 파워값 이하로 설정된다. 라이다는 비전 카메라와 달리 장애물까지의 거리값을 알려주지만 장애물이 무엇인지 파악하기 위한 데이터는 비전 카메라에 비해 당연히 부족하다. 뿐만 아니라 날씨가 흐리거나 눈이나 비에 의해 펄스가 산란되는 등 기후의 영향을 많이 받는다는 점, 가격이 비싸다는 점, 그리고 회전하는 기계적 요소가 있어 운동 요소가 없는 센서에 비해 고장 발생 가능성이 높다는 점 등이 단점으로 지적된다. 이 같은 단점

• DARPA, The Grand Challenge, https://www.darpa.mil/about-us/timeline/-grand-challenge-for-autonomous-vehicles

거리 센서 라이다

을 극복하기 위해 고정형solid state 라이다가 개발되고 있으나 이 역시 기계식 라이다에 비해 수평 스캔 범위가 줄어드는 단점이 있다. 1960년대, 지상의 높낮이를 파악하기 위한 목적으로 비행기에 탑재돼 처음 사용됐던 라이다는 이제 진화를 거듭해 자율주행 기술 완성을 위해 빼놓을 수 없는 센서가 됐다.

라이다가 기후에 취약하다면 이를 극복할 센서는 2차 세계대전 이후로 사용된 레이더다. 라이다와 같이 거리 센서에 해당하는 레이더는 전자기파를 주위에 송신하고, 반사된 파를 수신한다. 또한 도플러 효과를 감지해 장애물이 움직이고 있을 때 그 속도를 파악한다. 라이다에 비해 날씨 영향을 덜 받긴 하지만 분해능이 라이다만큼 뛰어나지 못하다는 단점이 있다.

카메라는 렌즈와 화소로 이루어져 물체에 반사돼 유입되는 광자 세기와 파장을 인식해 2차원 데이터를 만든다. 또한 두 개의 카메라를 일정 간격을 두고 장착해 영상 촬영을 하면 해당 물체까지의 거리 데이터를 얻을 수 있다. 카메라의 가장 큰 장점은 인간이 눈으로 획득하는 정보와 매우 유사하다는 점이다. 단점은 역광이나 늦은 밤과 같이 시계가 좋지 않을 때는 데이터 획득에 있어 불리하며, 데이터 생성량이 너무 많아 처리하기 곤란하다는 것이다. 그럼에도 불구하고 사람의 눈이 받아들이는 데이터와 가장 유사하다는 이유로 자율주행 기술을 선도하고 있는 테슬라 역시 의도적으로 카메라 센서에 의존하려는 경향이 있다.

자율주행차의 센서는 많은 데이터를 더 정확하고 빠르게 계측할 수 있게 진화하고 있다. 2004년 그랜드 챌린지에 출전했던 자율주행차 외부에 주렁주렁 달려 있던 거대한 센서들은 어느새 크기가 줄어들어 차량 속으로 그 모습을 감췄다.

깨끗한 에너지원, 수소 연료전지차

이산화탄소를 배출하지 않는 연료는 없을까? 물론 있다. 우주에서 가장 많은 물질인 수소는 산소와 반응했을 때 이산화탄소를 배출하지 않는다. 잘 알다시피 물도 수소와 산소의 결합이다. 다른 물질과 잘 반응하는 수소는 자연에서 순수한 상태로는 거의 존재하지 않고 화합물질로 존재한다. 이런 수소가 미래의 연료로 큰 관심을 모으고 있는 이유는 앞에서 말했듯 이산화탄소를 배출하지 않기 때문이다. 이산화탄소를 발생하지 않고 산소와 반응해 에너지를 얻고자 한다면 수소가 답이다.

수소를 연료로 사용하는 방법에는 두 가지가 있다. 첫째, 직접 태우는 방법이다. 하지만 여기에는 문제가 하나 있다. 수소를 기존의 자동차 엔진에 적용해 태우면 공기 중의 질소도 같이 타게 되는데 이때 대기오염 물질인 산화질소가 발생한다는 것이다. 둘째는 전기화학적 방법이다. 수소 연료전지는 크게 양극과 음극, 그리고 이 둘 사이를 구분하는 전해질 막으로 이루어져 있다. 수소는 음극에서 촉매를 통해 전자와 수소이온으로 분리된다. 전자의 흐름인 전류는 외부 회로를 흐르면서 모터 등에 전기에너지를 공급하고, 수소이온은 전해질 막을 통과해 양극에서 외부 회로를 통해 들어온 전자와, 양극을 흐르는 산소를 결합시켜 물을 생성한다.

연료전지차에 가벼운 수소를 최대한 많이 싣고 다니기 위해서는 높은 압력으로 저장한 수소 탱크를 탑재해야 한다. 현재 사용하는 수소 탱크의 압력은 대기압의 700배다. 수소는 연료전지차 내부를 순환하는데, 이런 연료전지 시스템이 안전하고 효과적으로 장기간 작동하려면 수소 누설을 방지해야 하며 만약 누설되더라도 이를 재빨리 감지할 수 있어야 한다. 하지만 수소는 입자가 작아 누설되기 쉽고, 누설되더라도 무색무취의 기체라 인간의 감각으로 이를 감지하기는 어렵기 때문에 수소 누출 센서가 반드시 필요하다. 또한 연료전지 음극에서 분해되지 않은 수소는 재배출되는데 이를 다시 활용하려면 수소 농도를 측정할 수 있어야 하고, 이를 위해서 수소 농도 센서가 필요하다. 수소 누출 센서는 공기 중에 존재하는 수소의 0~4% 정도의 농도를 측정하며, 수소 누설 감지가 필요한 수소 저장용기, 수소가 흐르는 배관 연결로, 연료전지 스택stack 그리고 차량 실내에 설치된다.

일본 토요타의 수소 연료전지 콘셉트카

수소 농도 센서는 스택 출구 또는 수소 희석 장치 등에 설치된다.

수소는 어떻게 감지할까? 현재 사용 중인 수소 감지 방식에는 크게 세 가지가 있다. 접촉 연소식, 열선형 반도체식, 기체 열전도식이다. 이 중 가장 선호되는 방식은 접촉 연소식이다. 접촉 연소식 수소 센서는 수소와 반응하는 감지 소자와 센서가 노출된 환경 조건을 보상하는 보상 소자로 구성돼 있다. 감지 소자는 귀금속 촉매를 함유한 알루미나와 백금 선, 보상 소자는 알루미나와 백금 선으로 만든다. 공기 중에 누설된 반응성 강한 수소는 감지 소자 촉매에 의해 산소와 반응이 촉진된다. 이때 발생하는 반응 과정에서 열이 방출되고 이 때문에 히터 저항값 변화가 발생함으로써 전압이 변하는데 이게 바로 센서 신호가 된다.

수소 연료에도 보완되어야 할 부분은 있다. 우선 취급 과정에서의 안전성 문제가 해결되어야 한다. 안전이 담보된 사용이 가능해질 때 적용 범위도 자연스레 확장될 것이다. 또한 진정한 친환경 연료가 되기 위해서는 사용 과정에서뿐 아니라 생성, 운반, 저장 과정에서도 이산화탄소 발생을 줄여야 한다.

앞으로 수소 연료전지 발전 시스템을 적용한 모빌리티 수단은 더욱 늘어날 것이다. 도심 공중에서 근거리를 이동하는 전기동력 수직이착륙기eVTOL, 도로를 달리는 트램, 대륙 간 정기 노선을 운항하는 화물선 등 다양한 수소 모빌리티 수단이 머지않았다.

교통체증을 피해 하늘을 나는 전기비행기

전기차와 함께 진화하는 배터리 기술 그리고 전자기술과 이동통신 기술을 망라한 ICT의 발전은 전기동력을 이용한 전기비행기에 대한 꿈을 키우고 있다. 도시 인구의 폭발적인 증가로 인해 도심에서 가중되는 교통체증은 그렇지 않아도 바쁜 일상에 지친 사람들을 더욱 힘들게 하는 요인이다. 이에 따라 2차원의 지상이 아닌 공중을 통해 더 빠르게 이동하고 싶은 욕구가 자연스럽게 발현되면서 전기비행기 개발을 유도하고 있는 것이다.

최근 많은 기업들에서 전기비행기 개발에 총력을 기울이고 있다. 도시에는 길고 넓은 활주로를 확보하기 어렵기 때문에 대부분의 모델

독일의 도심항공교통 기업 볼로콥터의 볼로콥터2X

들은 수직으로 이착륙할 수 있는 비행 형태를 띠며, 전기에 의해 추진력을 얻는 전기추진시스템을 분산 적용시킴으로써 다양한 모습의 전기비행기 모델이 쏟아져 나오고 있다. 모든 모빌리티들이 그렇지만 전기비행기의 경우 특히 저궤도에서 하늘을 나는 형태이기 때문에 무엇보다 안전이 중요하다. 목적지까지 짧은 시간 동안 안전하게 비행하기 위해서는 다양한 센서가 필요하다. 항행용 레이더, 라이다, 그리고 기온, 기압, 바람과 습도를 측정할 수 있는 기상 센서, 또한 비행 위치 제어를 위한 IMU 등이 전기비행기에 필요한 대표적인 센서다.

전기비행기는 비행 중 충돌 등의 안전사고 방지를 위해서 레이더를 적극적으로 사용해 공중에 있는 사물의 상대적인 위치를 파악한다. 또한 라이다를 활용해 도심에 복잡하게 설치된 시설물의 형상을 파악하는 3차원 공간 데이터를 구축한다. 전기비행기는 주로 위성항법시스템 신호를 받아 항행하지만 비상시나 정밀한 이착륙을 위해서는 라이다를 통한 대체 항법시스템도 활용할 수 있다. 하늘을 나는 비행기는 기상의 영향을 크게 받는다. 특히 도심 상공에서 순간순간 변화하는 기상 상황을 파악하기 위해서는 기체에 기상 센서를 장착한 후, 측정값을 축적해 변화에 대응할 필요가 있다. 관성측정유닛은 자이로스코프와 가속도계 센서를 활용해서 회전과 가속도를 측정한다. 또한 비행체의 정확한 자세와 비행 방향 및 속도 정보도 알려준다. 이는 위성항법 신호를 수신할 수 없을 때 보완하는 센서가 되기도 한다.

이처럼 안전한 비행 정보와 비행체 자세 제어를 위해서는 다양한 센서의 신뢰성 강화가 무엇보다 중요하다. 하늘을 나는 만큼 무게는 가벼워야 하기에 통합된 센서 시스템으로의 발전 또한 요구된다. 안전한 비행과 소음 등의 기술적 문제가 해결된 도심항공모빌리티를 구현하는 전기동력 수직이착륙기가 서비스를 시작하게 되면 에어택시라는 이름으로 또 다른 모빌리티 선택지를 제공할 것이다.

궁극의 모빌리티, 전 우주적 통신

인공위성도 모빌리티와 관련 있을까? 인류가 이뤄야 할 궁극의 모빌리티는 우주로 나가는 것이다. 모빌리티의 미래인 자율주행과 도심 항공교통UAM, Urban Air Mobility이 현실이 되기 위해서라도 우주 공간으로의 이동은 중요하다.

이동을 위해서는 현재 위치와 이동 방향 그리고 속도를 매 순간 파악해야 한다. 항법navigation은 목표 지점에 도달하기 위한 세부 경로를 매 순간 결정하는 행위다. 아주 오래전 뱃사람들은 북극성이나 남십자성의 위치를 보고 방향을 파악하고, 나침반을 들고 항해했지만, 현재는 지구 대기권 밖 고도 약 2만 km 궤도에 떠 있는 항법 인공위성을 활용한다.

미국이 군사적 목적으로 구축한 위성항법시스템을 민간에서도 활용할 수 있게 되면서, 위성항법 신호는 모빌리티 발전에 있어서 없어서는 안 될 요소가 됐다. 미래에 모든 모빌리티는 흔히 GPSGlobal Positioning System라고 하는 항법 위성군에서 송신하는 신호를 GPS 센서로 수신해 자신의 위치와 방향, 속도를 파악하게 될 것이다. 이에 우리나라 또한 고유의 기술을 구축하고자 2022년 한국형 위성항법시스템KPS, Korean Positioning System 개발 사업을 시작했다. 사업이 예정대로 진행되면 2035년에는 총 여덟 기의 항법 위성을 궤도에 배치해 시범 서비스를 개시하게 된다. 서비스가 시작되면 한반도 인근 지역에 초정밀 위치, 항법, 시각 정보를 제공할 수 있게 돼 차로가 구분될 정도의 정밀한 지도에서 수십 센티미터 단위로 위치를 특정할 수 있다. 즉, 도로 위를 달리는 차가 어느 차선에 있는지까지 확인할 수 있게 되는 것이다. 위성항법 신호 수신기 가격이 낮아지면 센티미터급

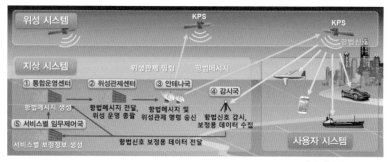

출처: 과학기술정보통신부

KPS 기본 구성 및 작동 원리

정밀도를 갖는 위성항법 신호의 적극적인 활용도 가능해질 것으로 기대된다.

미래 모빌리티 구현을 위해 위성항법 신호와 함께 중요한 것이 바로 통신이다. 현재 위치와 경로 정보를 다른 모빌리티 시스템에 전달하는 것뿐 아니라, 이동 중 인포테인먼트 등을 위한 여러 데이터를 주고받아야 하기 때문이다. 모빌리티에서 연결성connectivity은 네트워크를 통한 초연결 사회를 지향한다.

지구 저궤도에 군집해 떠 있는 소형 인공위성을 통해 지상과 더 빠르게 통신을 주고받거나 인터넷 등으로 많은 양의 데이터를 주고받아야 하는데 이렇듯 군집해 떠 있는 위성 간 통신에는 라디오파가 아닌 레이저를 사용한다. 레이저 통신으로 대용량 데이터를 주고받을 때는 레이저 빔을 정교하게 주고받아야 하는데 이때 포토다이오드를 적용한 센서가 활용된다.

미래 모빌리티는 전동화를 통해 움직이는 다양한 이동 수단이 서로 긴밀하게 연결돼, 최적의 이동 경로를 통해 시간을 단축함으로써 이동하는 경험이 즐거움이 될 수 있는 방향으로 진화하고 있다. 이를 뒷받침하기 위해서는 무엇보다 이동에 있어서 안전이 우선되어야 하며, 주위 이동 환경에 대한 감지가 정확하고 빠르게 이뤄져야 한다.

지상에는 전기 자율주행차가 위성항법 신호를 받아 차량에 장착된 다양한 센서로부터 외부 상황을 감지하면서 목적지를 향해 운행하고, 하늘에는 자율비행 수직이착륙 전기비행기가 저궤도통신 위성을 통해 인터넷에 연결돼 통신을 하고, 고속도로에는 연료전지 트럭이 군집 자율주행으로 화물을 수송하는 모습을 곧 만날 수 있게 될 것이다.

SUMMARY

- 모빌리티 기술은 기후 변화 위기와 맞물려 친환경적 방향으로 발전하고 있다.
- 전기차는 배터리만 사용하는 배터리 전기차와 연료전지로 전기를 얻는 연료전지 전기차로 크게 나뉜다.
- 배터리의 안전성, 에너지 저장능력, 성능의 발전이 곧 전기차의 발전이고, 이를 위해서는 다양한 물리적 값을 정확히 측정하는 다양한 센서가 필요하다.
- 자율주행을 위한 반도체 센서에는 내부 센서와 외부 센서가 있으며 대표적으로는 라이다, 레이더, 카메라 센서, 초음파 센서가 있다.
- 이산화탄소를 배출하지 않는 수소 연료전지차에는 수소 누출 감지 센서가 필수적이다. 수소 감지 방식에는 접촉 연소식, 열선형 반도체식, 기체 열전도식이 있다.
- 최근 많은 기업들에서 도심에서 수직이착륙해 비행할 수 있는 전기비행기 개발에 총력을 기울이고 있다.
- 현재와 미래의 모빌리티는 GPS를 기반으로 위치와 방향을 찾아가기에 중요한 요소다. 이에 최근 국내에서도 한국형 위성항법시스템 개발 사업을 시작했다.
- 미래 모빌리티는 다양한 이동 수단이 서로 긴밀하게 연결돼 최적의 경로를 찾게 될 것이다.

chapter 7

치료에서 예방으로, 바이오 센서

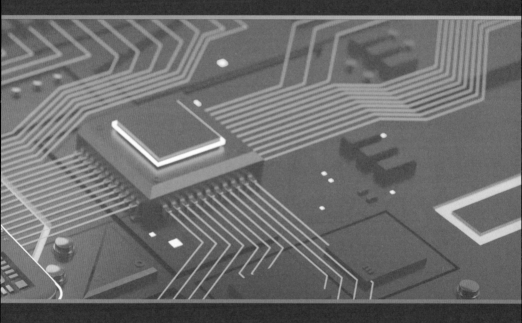

김 상 효

(주)필메디 대표이사

1996년 포항공과대학교 공학박사. 2007년까지 삼성전자에서 근무했고, 2007년부터 현재까지 가천대학교 바이오나노학과에 교수로 재직 중이다. 2019년부터 ㈜필메디 대표 이사로 현장형 바이오 센서 사업화에 힘쓰고 있다.

미래의 바이오 테크는 어떤 모습으로 발전되어 갈까. 구글의 최고경영자였던 에이드리언 어운이 최근 미국에 설립한 의료기관 고포워드는 AI를 이용한 원격 의료기관인 테크노클리닉이다. 고포워드는 미국뿐 아니라 전 세계적으로 큰 반향을 불러일으켰다. 미래의 병원이 치료보다 예방 중심으로, 직접 진료보다 원격 진료 방식으로 전환될 것임을 상징적으로 보여 주었기 때문이다. 이런 예방적 의료 서비스를 위해 사람들의 생체 정보는 부지불식간에 어딘가로 전달되고, 분석, 진단, 처방될 것이다.

바이오bio라고 하면 사람의 생명을 다루는 의학만 떠올리기 쉽지만 바이오는 의학뿐 아니라 약학·식품·농업·환경·군사·헬스케어 등 여러 분야를 아우른다. 또한 최근에는 다양한 분야와 융복합화하면서 바이오화학·바이오물리·바이오소재·바이오공정·바이오나노·바이오전자·바이오로봇 등으로 점차 범위가 확대되고 있다. 생물종에는 인간을 포함한 동물, 식물, 미생물, 바이러스까지 포함된다. 이처럼 바이오는 지구상에 존재하며 살아서 번식하고 있는 모든 것을 포함하는 광범위한 분야다. 그렇다 보니 바이오 전공자들조차 자신의 전공 분야에 한해서만 알 뿐 전체를 이해하기란 대단히 어렵다. 특히 생소한 용어와 약자들이 많아 더욱 접근하기 힘든 것도 사실이다. 이 장에서는 바이오 분야를 관통하는 중심원리를 알아보고, 더 많은 생명을 살리고, 건강한 생활을 영위하도록 하기 위해 바이오 분야가 다양한 기술들과 어떻게 협력해 나가고 있는지에 대해 살펴보자.

바이오란 무엇인가

먼저 생물학의 한 분야인 분자생물학적 관점에서 생각해 보면, 모든 생물은 그 형태나 에너지 취득 및 번식 방법 등이 각기 다르다. 따라서 이를 하나하나 알고 이해하기란 쉬운 일이 아니다. 하지만 생명체 전체를 놓고 그 흐름을 보면, 세포 내 유전자 정보를 이용해 성장하고 번식하며 살아간다는 면에서는 대개 동일하다. 이처럼 생명 정보인 유전자 정보를 이용해 이 정보를 전사transcription함으로써 기능이 있는 단백질이 만들어지는 원리는 모든 생명체에서 동일하게 나타난다. 이를 바이오의 중심원리Central Dogma라고 한다. 유전자에서 최종 생체물질인 단백질을 만드는 기본 원리를 이해한다는 건 생물에 일어나는 성장, 질병, 변이, 생명현상을 이해하는 기본이기에 이를 중심원리라고 부르는 것이다.

유전자의 기본인 DNADeoxyribonucleic Acid 구조는 1953년 왓슨Watson과 크릭Crick이 《네이처Nature》지에 투고하면서 알려지게 됐다. 생명과학 분야에 있어 가장 위대한 업적이라 할 수 있는 이 유전자의 발견으로 그들은 노벨 생리의학상을 수상한다. 그리고 1958년 크릭은 또다시 바이오 중심원리라는 개념을 제안하는데 이게 바로 '세포의 핵 속에 있는 생명현상을 나타내는 유전자 정보인 DNA는 RNARibonucleic Acid로 전사된다.'라는 것이다. 여기서 전사란 말 그대로 복제해 옮긴다는 뜻이다. RNA로 전사된 DNA는 핵 밖 세포질에 있는 단백질 공장인 리보솜(RNA와 단백질로 구성된 복합체)과 결합하고, 이 DNA 암호

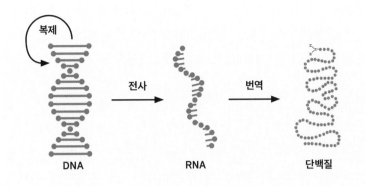

바이오의 중심원리

를 번역translation해 단백질을 만든다. 이렇게 되면 초기 DNA가 가진 유전 정보가 똑같이 전사, 번역돼 원하는 단백질이 만들어지는데, 이 단백질의 기능이 활성화되면 형태나 기능이 각기 다른 생물 개체가 되는 것이다. 모든 생물체는 각기 다른 유전 정보를 갖고 있지만 만들어지는 중심원리는 이처럼 모두 동일하다.

중심원리에 따르면, DNA는 스스로 복제해 생물의 정보 보존과 증식 및 번식을 가능하게 하는 반면, RNA나 단백질은 스스로 복제되지 못하고 DNA에서 RNA, 단백질 순으로 변화한다. 하지만 최근 과학 기술이 발전하면서 이 순서를 인위적으로 바꾸는 데 성공했다. DNA, RNA, 단백질 3개의 구성요소는 동일하지만 복제나 흐름에 대해서는 새로운 이론들이 많이 등장하고 있다.

예를 들어, 20세기 들어서부터 인류를 공격하고 있는 스페인 독감, HIV, 신종 인플루엔자, 조류독감, 메르스, 코로나19 등 신종 바이러스들을 통해 RNA로부터 DNA가 만들어지는 역전사reverse transcription가 가능하다는 것이 밝혀졌다. 또한 DNA만 복제된다는 이론 역시 RNA 복제RNA replication, 단백질 복제protein replication도 가능하다는 것이 밝혀져 중심원리에 큰 변화가 생겼다.

바이오 영역이 광범위해서 어렵게 느껴진다면 이 중심원리만이라도 기억해 보자. 모든 생명체를 관통하는 이 중심원리를 이해하면 바이오 분야를 보다 단순화시켜 간단하게 이해할 수 있을 것이나.

그럼에도 불구하고 어렵게 느껴진다면 우리에게 비교적 친숙한 컴퓨터의 원리에 적용해 생각해 볼 수도 있다. 중심원리의 구성요소인 DNA, RNA, 단백질은 각각 컴퓨터의 저장장치, 읽기/전송, 실행장치에 대입 가능하다. 또한 컴퓨터의 시스템 체계가 0과 1의 이진법으로 이루어진다면, 바이오의 DNA는 네 가지 핵산인 A, T, G, C로 이루어진다. 컴퓨터마다 외장과 액세서리 등의 겉모습은 다르지만 원리는 같은 것처럼 바이오도 각 생명체의 모습은 다르지만 중심원리는 하나다.

살아 있는 모든 것을 감지하는 바이오 센서와 재료

국제순정응용화학연합IUPAC에 따르면 바이오 센서란 전기적·열적·광학적 신호로 화학 화합물을 검출하기 위해, 효소·조직·세포 등에 의해 매개되는 특정 생물화학적 반응을 사용하는 장치로, 크게 두 부분으로 나뉜다. 생물학적 감지 요소를 인식하는 분자 인식 소자와, 분석 요소를 물리적·화학적 신호로 변환해 주는 신호변환기다. 이때 생물학적 감지 요소에는 세포, 항체, 효소, 단백질, 앱타머aptamer(안정된 구조를 유지하면서 특정 분자에 강하게 결합하는 핵산), DNA 등이 포함된다. 이해를 돕기 위해 우리 생활 속에 가까이 있는 바이오 센서의 예를 들면 산성비 바이오 센서, 적조 바이오 센서, 세제 바이오 센서, 악취 바이오 센서, 식품 바이오 센서 등이 있다.

생물 의학 응용 분야의 문제를 해결하고 신체 신호를 효과적으로 전달하기 위한 이런 바이오 센서들의 기술 발전을 위해서는 새로운 재료의 필요성이 날로 증가하고 있다. 지금부터 최근 주목받고 있는 몇 가지 재료들과 그 특징을 살펴보자.

나노 기술의 급격한 발전은 새로운 나노 물질과 장치의 개발을 이끌었고, 전계 효과 트랜지스터FET, 금속 나노 입자, 반도체, 전도성 고분자 및 다양한 모양과 크기를 갖는 나노 튜브 등의 나노 물질들이 나노 바이오 센서를 만드는 데 사용되고 있다. 나노 바이오 센서의 두 가지 중요한 파라미터는 민감도와 분리감도다. 민감도는 감지 능력을 의미하고, 분리감도는 생물학적 수용체의 종류에 따라 달라진다. 감지 메커니즘이란 생체분시 분석계 면에서 나노 물질로 전하를 전달하는 것을 말하며, 이때 나노 물질은 일반적으로 지지 웨이퍼의 표면에 증착돼 생체 감지 소자와 직접 접촉한다. 따라서 어떤 나노 물질을 사용하느냐에 따라 센서의 특징이 결정되는데, 가장 널리 사용되는 나노 물질에는 실리콘 나노 와이어, 전도성 고분자 나노 튜브, 그래핀, 탄소 나노 튜브CNT가 있다.

그래핀, CNT 등의 나노 물질은 생물학적 검출과 생명을 위협하는 질병의 진단을 위한 바이오 센서 개발에 있어 큰 관심을 받고 있다. 열적·화학적 안정성, 양호한 기계적 강도, 높은 종횡비 및 표면적, 우수한 전자 및 광학 특성이 주요 장점이기 때문이다. 그래핀은 탄소 원자들이 공유 결합에 의해 연결돼 2차원 평면 구조를 이루는 고분자 탄소 동소체로, 일산화탄소·암모니아 등 다양한 가스를 감지하는 데 사용되며, 높은 매개체 이동성, 낮은 노이즈, 높은 전하 밀도로 바이오 센서 개발에 있어 매력적인 재료다. 그래핀뿐 아니라 CNT, 탄소 나노 섬유, 카본 블랙과 같은 탄소 재료는 고도로 확장 가능하기 때문에 저렴한 비용으로 유연한 바이오 센서를 제조하는 데 사용된다. 고무, 폴리이미드PI, 폴리에틸렌 테레프탈레이트PET, 폴리우레탄PU, 폴리디메틸실록산PDMS과 같은 유연한 고분자 물질은 유연한 바이오 센서 개발에 널리 사용되는 나노 물질이다. 유연성, 화학적 안정성 및 열적 안정성은 유연한 바이오 센서를 제조하기 위한 기판의 핵심 사항이다. 같은 이유로 최근 액정 물질도 주목받고 있다.

마그네슘, 티타늄, 지르코늄, 주석, 세륨, 철, 니켈 및 아연 등을 나노 구조화한 금속산화물 또한 바이오 센서 개발에 중요한 나노 물질로 부상하고 있다. 금속산화물은 원하는 배향성을 갖춘 생체 분자의 고정화를 위해 넓은 표면적을 제공할 수 있고, 생물학적 활성 및 전기적 특성이 우수하며, 광학적·분자적 특성까지 갖추고 있다. 이를 활용하면 생체 분자와 금속산화물 계면의 특성을 맞춤화해 바이오 센서의 감지 능력을 향상시킬 수 있다. 금속산화물 바이오 센서에는 효소 고정화 바이오 센서, 핵산 바이오 센서, 항체 고정화 및 세포 고정화 바이오 센서가 있다.

생분해성 및 생체적합성 융합 고분자는 강도가 우수하고, 무게가 가벼우며, 복잡한 형태를 만들 수 있다. 생체 의학적 호환성 및 우수한 내화학성과 같은 독특한 특성도 갖고 있어 의료 및 생물 의학 센서, 약물 전달, 의료 기기 및 조직공학 스캐폴드에 대한 엄청난 잠재력을 입증한 새로운 물질이다.

환자의 건강을 체크하고, 고혈압, 녹내장, 뇌수종 및 뇌 손상과 같은 질병의 진행 상태를 알아보기 위해서는 뇌, 혈관, 방광 및 눈과 같은 기관의 압력을 측정하는 일이 매우 중요하다. 이러한 질병의 발병률을 최소화하고 회복 속도를 향상시키는 치료 프로토콜을 만들려면 기관의 압력을 지속적이고 정확하게 측정해야 하는데 지금까지 인체 기관의 압력을 측정하기 위해 설계된 센서들은 임상 사용 후 수술로 제거해야 하는 이식형 장치의 형태였다. 이는 비용 부담이 클 뿐 아니라 환자가 합병증의 위험에 쉽게 노출될 수 있다는 큰 단점을 갖고 있다. 이 한계를 극복하기 위해 개발된 것이 생체흡수성 센서 장치다. 생체흡수성 센서의 구성 물질은 적절한 기간 후에 생체 물질에 용해되기 때문에 임상 사용 후 감지 장치를 수술로 제거할 필요가 없어 편리하고 안전하다.

전도성 고분자는 전도도가 높고, 제어 가능한 형태 및 큰 표면적을 갖는 기관을 개발할 수 있도록 변형 가능하며, 금속의 우수한 전기적 특성을 저비용으로 저밀도 고분자와 결합할 수 있기에 압전, 광학, 전기 화학, 열량, 전도 측정, 전위차 및 전류 측정 등 바이오 센서 개발에 있어 전도유망한 물질이다.

생명을 살리고 건강을 유지하는 바이오 테크

디지털 기술의 발전은 의료 현장에도 큰 영향을 주었다. 오늘날 인간 행동 및 특성을 측정하기 위한 다양한 디지털 바이오 의학 기기가 시장에 보급돼 사용되고 있고, 이는 원격 의료, e-헬스e-Health, e-병원 e-Hospitals의 성장을 촉진시키고 있다. 그중에서도 건강 관리 무선 모니터링 기기는 의료 인력 부족으로 인한 문제를 보완할 수 있다는 측면에서 최근 건강 관리 및 의학 응용 분야의 떠오르는 핵심 기술 중 하나다.

웨어러블wearable 스마트 보디 센서는 환자의 행동을 원격으로 모니터링하고, 필요한 정보를 의사에게 전달해 현대 의료 시스템으로 질병을 정확하게 치료할 수 있도록 돕는다. 대개 브로치 형태로 옷에 장착하거나 장갑, 벨트, 목걸이 등에 고정시켜 손, 허리, 목 등 신체 부위에도 착용할 수 있으며, 이를 통해 체온, 심박수, 혈압, 심전도, 소모 칼로리, 걸음 수 등 다양한 변수를 지속적으로 모니터링함으로써 혈당이나 신경 기능 모니터링과 같은 임상 응용 분야에서 활용한다.

웨어러블 센서의 종류	바이오 마커	대상 위치	임상 적용
가속도계 및 동작	발작 활동	손목 또는 발목	신경 기능 모니터링
관성	보폭 및 보행 속도	시각 피드백 - 안경 청각 피드백 - 헤드폰	신경 기능 모니터링
관성 센서 및 가속도계	보폭 거리, 걸음 수, 계단 하강 및 상승 중 도보 거리	옷	신경 기능 모니터링
가속도계 및 보수계	도보 거리 및 걸음 수	발목	재활 및 물리치료
와이어형 변형계	호흡, 심장, 속도	자동차의 안전벨트	심폐 및 혈관 모니터링
단일 채널 심전도	심장 리듬 및 심박수	전화 어댑터	심폐 및 혈관 모니터링
심전도 전극, 광학 흡수 센서	심박수, 혈중 산소, 피로도 및 운동 스트레스	다른 유형의 장비와 함께 사용될 수 있음	심폐 및 혈관 모니터링
마이크로파 반사 심폐 측정법	스트레스를 평가하는 기술로서 심박수의 변화	팔 또는 허벅지	심폐 및 혈관 모니터링
광학(심박수) 무선 주파수 식별(펄스 및 온도)	온도 및 심박수	손가락(링 센서)	심폐 및 혈관 모니터링
광 혈량 측정법 및 심전도	혈압과 심장 리듬	손목	심폐 및 혈관 모니터링
다중 변수 (AMON)	심장 리듬, 체온, 혈중 산소포화도, 혈압	손목	심폐 및 혈관 모니터링
초음파	혈압	손목	심폐 및 혈관 모니터링
다중 변수	혈당	팔	포도당 홈 모니터링
포도당	조직 포도당	피하	포도당 홈 모니터링
	안구 포도당	눈	포도당 홈 모니터링

웨어러블 스마트 보디 센서

이렇게 측정된 데이터는 애플리케이션 또는 개인 장치로 전송돼 보다 편리하고 즉각적으로 몸의 변화를 감지하여 효과적인 진단과 치료로 이어질 수 있게 돕는다. 휴대용 웨어러블 보디 센서의 경우, 약물 사용 기간, 개인의 상황 및 위치를 감지하고, 지속적인 정보를 제공할 수 있기 때문에 약물 중독 치료에도 큰 역할을 하고 있다.

웨어러블 스마트 보디 센서와 함께 건강 관리 및 생물 의학 응용 분야에서 최근 가장 주목받는 분야 중 하나가 바로 웨어러블 바이오 센서다. 웨어러블 바이오 센서에서 중요한 건 우수한 전도성과 유연성. 따라서 높은 신축성을 가진 생체 물질을 활용하는데, 대표적으로 은 또는 금 나노 입자가 있으며, 주석·아연·니켈·플래티넘 등도 신축성이 우수하고, 높은 전도성과 융점을 갖고 있어 유연한 웨어러블 바이오 센서를 만들기에 적합한 것으로 알려져 있다. 유연한 웨어러블 바이오 센서는 습도, 온도, 변형, 비틀림 및 응력 등을 동시에 측정할 수 있으며, 이를 통해 얻은 생리학적 신호는 개인의 질병 진단과 건강의 모니터링에 효과적으로 활용된다.

웨어러블 바이오 센서가 인체의 변화를 즉각적으로 측정하는 데 사용한다면, 전기화학적 바이오 센서는 질병을 진단하는 데 효과적이다. 전기화학적 바이오 센서는 특정 분석물에 반응하는 생물학적 감지 소자로 이루어진다. 전기화학적 바이오 센서의 생물학적 감지 요소는 유전자(핵산), 효소, 단백질, 세포, 조직 또는 항체이며, 생물학적 감지 요소에 의해 생성된 반응은 변환기를 통해 전기 신호로 전환되는데 이때 전기 신호의 크기는 분석물의 농도에 따라 달라진다. 전기

센서 유형	대상 신체 위치	재료	적용
압전 저항	손목, 목, 가슴	폴리머 트랜지스터	심박수
저항	관절, 손목, 척추, 얼굴, 가슴, 목	CNT	신체 움직임
미진	관절, 손목, 척추, 얼굴, 가슴, 목	실리콘 나노 멤브레인	신체 움직임
가속도계 센서	관절, 손목, 척추, 얼굴, 가슴, 목	실리콘 나노 멤브레인	신체 움직임
전기 용량	손목, 목	그래핀	혈압
압전기	손목, 목	PZT/모스펫	혈압
압전 저항	손목, 목	피도트: PSS/PUD/PDMS	혈압
비침습성 포도당 센서	피부, 눈	Ag/AgCl 프로이센 블루	혈당
침습성 포도당 센서	피부, 눈	Ti/Pd/Pt	혈당
습도에 민감한 저항기	상처	WS2	습도
습도에 민감한 축전기	상처	산화 그래핀	습도
열전 온도 감지기	전신	PDMS-CNT/P(VDFTrFE)/그래핀	온도
습도 센서	코, 입, 가슴	WS2	호흡속도
터널링 압전 저항	코, 입, 가슴	CNT/PDMS	호흡속도
볼륨 센서	코, 입, 가슴	PPy/PU	호흡속도
광학 감지	손가락, 귓속, 이마, 손목	OLEDs/OPD	맥박, 산소포화도
전도도 센서	입	그래핀 옥사이드	맥박, 산소포화도
화학적 기체 센서	입	PANI/AgNWs/PET	맥박, 산소포화도

웨어러블 바이오 센서

화학적 바이오 센서는 크게 '친화성 바이오 센서'와 '바이오 촉매 바이오 센서'로 분류할 수 있다. 친화성 바이오 센서는 핵산, 세포막 수용체, 항체, 분석물과 같은 생물학적 감지 요소 사이의 선택적 결합 상호작용 기반으로 작동하며, 바이오 촉매 바이오 센서는 특정 분석물과 반응해 전기 신호를 생성하는 효소, 조직 또는 세포를 사용한다.

FET 바이오 센서는 FET 인터페이스와 표적 생체 분자 간의 상호작용을 전기 신호로 직접 변환할 수 있어 생물 의학 응용 분야에서 엄청난 주목을 받고 있다. FET 바이오 센서에서 반도체 채널은 표적 생체 분자와 상호작용하는 데 사용되고, 환경과 직접 접촉한다. 표적 생체 분자가 반도체 채널과 접촉할 때 반도체 채널의 표면 전위에 변화가 생긴다.

미래 바이오 테크 전망

앞에서 살펴본 것들 외에도 다양한 형태의 바이오 센서 연구가 진행되고 있고, 앞으로 상업화될 전망이다. 대표적으로 미세 유체 공학 기술은 극소량의 액체를 조작할 수 있어 바이오 메디컬 감지 분야에서 큰 관심을 모으고 있는 기술 중 하나다. 장비 비용을 절감할 수 있고, 재료 낭비가 없기 때문에 저비용으로 미세 유체학을 빠르게 생산할 수 있다는 장점이 있다. 잉크젯 인쇄의 도움을 받아 최소한의 시간으로 최대한의 자원을 활용해 미세 유체 소자를 제작한다. 이런 미세 유체 기술이 고성능 바이오 센서와 만나면 유체 처리량을 높일 수 있고, 소형화·저용량 분석도 가능해질 것이다.

미래의 바이오 테크는 어떤 모습으로 발전되어 갈까. 구글의 최고 경영자였던 에이드리언 어운Adrian Aoun이 최근 미국에 설립한 의료기관 고포워드Go Forward는 AI를 이용한 원격 의료기관인 테크노클리닉이다. 고포워드는 미국뿐 아니라 전 세계적으로 큰 반향을 불러일으켰다. 미래의 병원이 치료보다 예방 중심으로, 직접 진료보다 원격 진료 방식으로 전환될 것임을 상징적으로 보여 주었기 때문이다. 이런 예방적 의료 서비스를 위해 사람들의 생체 정보는 부지불식간에 어딘가로 전달되고, 분석, 진단, 처방될 것이다.

중국 노자 사상에서는 우주의 본질이 '도'이며, 천지만물은 형상도 형체도 없는 '도'에서 탄생한다고 말한다. 여기서 '도'는 아무리 써

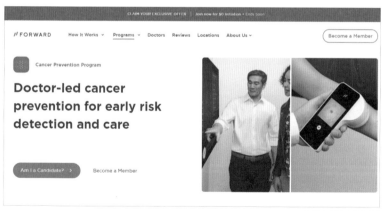

고포워드 테크노클리닉의 암 예방을 위한
조기 위험 감지 및 관리 프로그램

도 다하지 않고 마르지 않는 신비한 힘이다. 이 사상에 비추어 우리는 미래 바이오 테크에서 중요한 세 가지 요소를 떠올려 볼 수 있다. 바로 에너지 하베스팅, 데이터 무선 전달 및 보안, AI 기반 분석이 그것이다. 센서 자체가 스스로 동력 에너지를 자체 조달하고, 무선으로 생체 정보가 전달됨에 따라 보안 또한 중요해지며, 테크노클리닉처럼 AI 및 빅데이터 기반의 전문적 분석 시스템을 갖춰야 한다.

의도하건 아니건 일상생활을 하면서 나의 생체 정보가 모니터링되고 이를 분석해 위험을 감지, 예방, 치료하게 되는 모습은 그리 머지 않은 우리의 미래다.

참고문헌

• P. Mohankumar, J. Ajaya, T. Mohanraj, R. Yasodharan, "Recent developments in biosensors for healthcare and biomedical applications: A review", *Measurement*, Volume 167, 1 January 2021, 108293.
• 김종표, 정희진, 〈현장진단검사(Point of care testing) 연구 동향 및 적용 분야〉, 《BRIC View 2021》, 1~9쪽.
• 오태광, "오태광의 바이오 산책 〈1〉 바이오의 중심원리(Central Dogma)", https://www.ifs.or.kr/bbs/board.php?bo_table=News&wr_id=3504

SUMMARY

- 바이오의 중심원리란 'DNA는 스스로 복제해 RNA를 만들고, RNA가 리보솜과 결합해 DNA 암호를 번역하여 단백질을 만든다'는 것이다. 이는 모든 생명체에 동일하게 적용된다.

- 그래핀, CNT 등의 나노 물질은 생물학적 검출과 질병의 진단을 위한 바이오 센서 개발에 있어 큰 관심을 모으고 있다.

- 생분해성 및 생체적합성 융합 고분자는 생체흡수성 센서를 만드는 데 사용되며, 이를 통해 별도의 장치 제거 수술 없이도 안전하게 치료할 수 있게 됐다.

- 웨어러블 스마트 보디 센서는 환자의 행동을 원격으로 모니터링하고, 필요한 정보를 의사에게 전달해 치료를 돕는다.

- 웨어러블 바이오 센서는 유연한 성질이 있어 습도, 온도, 변형, 응력 등을 동시에 측정하며 개인의 질병 진단과 건강 모니터링에 활용된다.

- 전기화학적 바이오 센서는 특정 분석물에 반응하는 생물학적 감지 소자로 이루어져 질병을 진단하는 데 효과적이다.

- 미래의 병원은 치료보다 예방, 직접 진료보다 원격 진료 방식으로 변화해 나갈 것이다. 이에 대비한 에너지 하베스팅, 데이터 무선 전달 및 보안, AI 등의 기술을 준비해야 한다.

chapter **8**

기술이 바꾸는 미래 교육

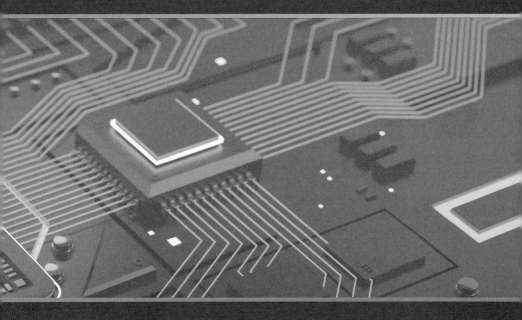

이 민 정

세종사이버대학교 경영대학원 교수

2001년 카이스트 재료공학 학·석사. 2008년 산업시스템공학과 박사. SDS, 한국산업
기술진흥원, 엔씨소프트에 2011년까지 근무했으며, 2012년부터 현재까지 세종사이버
대학 경영대학원 주임교수로 학생들을 가르치고 있다. 최근 공공데이터, IoT 데이터 관련
연구를 진행 중이다.

최근 교육 플랫폼의 실습 과목에서는 가상·증강·혼합 현실 기술을 접목하려는 노력을 많이 하고 있다. 이 기술의 가장 중요한 목표는 현실 세계 수업과 가상 세계 수업의 차이를 줄이는 것이다. 실습형 강의 혹은 체험형 강의의 경우 몸으로 배워야 하기 때문에 가상 세계 수업 시 그 효과를 오프라인 수준까지 올리는 게 쉽지는 않다. 이를 위해서는 콘텐츠 개발 및 관련 기술 개발이 필요한데 그 비용이 다소 높은 편이라 상용화에 어려움을 겪고 있다. 그런데 최근 이 시장의 중요성과 시장 규모가 커짐에 따라 대학 연구소, 기업 연구소, 스타트업 기업 등에서 현실성 높은 체험형 VR·AR·MR 환경 구축을 위한 기술 연구들을 시행하고 있다.

팬데믹 그 후, 등교를 거부하는 아이들

"학교 가기 싫어요."

지금 초등학생인 아이는 눈만 뜨면 등교를 거부한다. 물론 그래도 어떻게든 학교에는 나가고 있다. 코로나19가 본격화하며 대한민국 모든 교육기관이 등교를 중지했을 때, 아이는 겨우 초등학교 2학년이었다. 갑작스러운 팬데믹으로 2학년이 되자마자 학교에 가지 못하게 된 아이는 급하게 준비된 EBS 강의와 네이버 밴드 같은 게시판을 이용해 어찌저찌 수업을 받았고, 2학기부터는 줌ZOOM 앱을 이용한 원격 수업이 진행됐다. 태블릿PC 같은 멀티미디어 상비가 충분하지 않은 가정에는 교육부에서 급하게 대여 서비스를 제공했지만 준비시간이 충분치 않았던 탓에 교수자, 학습자, 학부모 모두에게 원격 수업은 큰 스트레스였다. 그럼에도 불구하고 아이는 어느새 줌으로 학교나 학원에 가는 것에 익숙해졌다. 줌으로 리코더 합주도 하고, 알파세대●답게 유튜브를 보면서 게임도 한다. 작은 태블릿PC 화면을 분할해 한쪽에는 유튜브를 켜 놓고, 다른 한쪽에는 게임 앱을 열어 게임을 하고 있는 것이다. 학교에 가지 않더라도 무언가 배울 수 있다는 것을 깨달아 버린 아이는 이제 줌을 켜 놓은 채 로블럭스 게임을 하며 친구와 놀 수 있다는 사실까지 알아 버렸다. 그리고 오프라인으로 학교에 가는 건 아이에게 매우 번거로운 일이 됐다. 아이에게 "학교 가기 싫어요." 란 배우기 싫다는 뜻이 아니다. 그저 물리적으로 학교에 가는 것이 싫다는 말인 것이다.

코로나19로 인해 처음 아이들이 온라인으로 교육을 받기 시작했을 땐 여러 가지 복잡한 생각이 들었다. '이렇게 준비가 부족한 원격 수업으로 아이가 충분한 교육을 받을 수 있을까?' '이 팬데믹은 얼마나 오래 가려나?' 그리고 지금은 이런 생각을 한다. '그때 아이는 충분한 교육을 받았을까?' '미리 무엇을 준비했으면 좋았을까?' '앞으로 또 올지 모를 팬데믹 시대를 대비해 어떤 기술과 서비스를 준비해야 할까?' '원격으로도 재미있는 수업이 가능할까?' '아이는 다시 학교를 좋아하게 될까'…….

● 2010년생부터 2024년에 태어난 세대로, 태어나면서부터 디지털 기기에 노출된 아이들.

팬데믹이 두렵지 않은 스마트한 교육 시스템

코로나19가 한창이던 시기에 초등학생 자녀를 둔 일하는 부모라면 누구나 한번쯤 다음과 같은 걱정을 했을 것이다.

'아이가 제시간에 수업을 듣기 시작했을까?' '수업시간에 집중을 하고 있을까?' '아이가 제대로 배우고 있을까?' '친구들과 만나서 놀지 못하는데 또래 관계 등 사회성에 문제가 생기진 않을까?' 지금부터 이 걱정들에 대해 하나하나 답을 찾아가 보자.

첫째, 아이가 제시간에 수업을 듣기 시작했을까?

출근하는 부모에게는 이 부분이 가장 불안할 수밖에 없다. 아이가 로그인을 안 하고 있다는 담임 선생님의 전화를 받고 출근하던 중에 다시 차를 돌려야 했던 게 나뿐만은 아닐 것이다. 허탈하게도 아이는 좋아하는 게임을 하느라 시간 가는 줄 몰랐다고 했다. 이런 상황을 막기 위해 아무리 알람을 여러 개 맞춰 놓아도 아이가 취소해 버리면 소용없다. 아이가 로그인을 제대로 하지 않으면 학교에서 문자 메시지가 온다. 그럼 우선 아이의 휴대폰으로 전화를 걸겠지만 이 역시 아이가 받지 않으면 연결될 수 없다. 이럴 때 기술을 활용해 볼 수는 없을까. 아이가 착용하고 있는 스마트 워치로 아이에게 수업에 들어가라고 알려주고, 그래도 반응이 없을 때는 존재 감지 센서, 모션 센서를 이용해 아이의 위치를 확인한 다음, 스마트 스피커로 수업 시간임을 알려주는 것이다.

둘째, 수업시간에 집중하고 있을까?

아이가 줌 수업을 제대로 받고 있는지 확인하기 위해서는 시선 추적 기술, 즉 아이트래킹eye-tracking을 사용할 수 있다. 아이트래킹은 동공 중심 부분과 각막 반사를 인식해 눈의 움직임을 추적함으로써 눈으로 화면을 컨트롤하거나 사용자의 시선이 어디에 머물고 있는지를 파악할 수 있는 기술이다. 최근 온라인 서비스 등에서 이용자에게 아이트래킹을 적용하는 사례들이 늘고 있다. 주로 모바일 앱이나 웹에서의 집중도를 파악하거나 시험 중 부정행위를 방지하기 위한 모니터링 용도로 사용된다.

데이터명	설명
고정 (fixation)	특정 위치를 계속해서 응시할 때 발생하는 데이터로, 한 지점을 응시할 때 발생되는 눈의 미세한 떨림과 물체를 명확히 유지하기 위해 발생되는 눈의 조절 움직임을 포함한다.
순간적 이동 (saccade)	눈의 빠른 움직임으로써 급격한 시점의 변화를 의미하며 자극물을 접한 후 그 주시 지점에서 다른 주시 지점으로 시선이 이동할 때 발생하는 시선의 순간적 움직임을 파악하는 것이다.
시선 추적 (gaze pursuit)	시선의 이동을 의미한다. 눈이 콘텐츠를 자연스럽게 보면서 읽다가 갑자기 정보의 재확인을 위해 시선이 급격하게 움직임 등을 파악한다.
주시 경로 (gaze path)	이미지를 보는 동안 발생된 시선 경로의 전체적 경로 패턴을 시간 순서로 저장하고 있는 정보다.

출처: 한국콘텐츠학회논문지, Vol.16 No.12, 2016

시선 추적 기술 분석에 사용되는 데이터

이 데이터를 활용하면 아이의 학습 패턴을 분석하고, 학습 스타일을 파악할 수 있을 뿐 아니라 공부에 있어서 아이의 약점과 강점을 이해하는 데도 도움을 얻을 수 있다.

앞의 표 정보를 활용해 아이트래킹을 분석하면 아이가 흥미 있어 하는 영역과 그렇지 않은 영역을 구분해AOI, Areas Of Interest 어떤 과목, 어떤 내용을 좋아하는지, 또한 어떤 내용을 어려워하고, 어떤 요인이 학습자의 집중력을 떨어뜨리는지를 파악할 수 있다. 또한 시선이 지나간 경로scan path나 시선이 어디에 집중 분포되어 있는지attention map를 분석함으로써 집중 정도 또한 알 수 있다. 교사나 학부모가 이 결과를 보조 자료로 잘 활용한다면 아이를 제대로 이해하고 더욱 효과적인 학습을 유도할 수 있을 것이다.

셋째, 아이들이 제대로 배우고 있을까?

아이들이 제대로 배웠는지를 알고 싶다면 성과의 측정, 즉 평가 시험을 이용할 수 있다. 다만 온라인 시험은 오프라인 시험에 비해 속이기 쉽기 때문에 공정한 평가를 위해서는 앞에 언급한 시선 추적 기술 등을 활용할 필요가 있다. 미국 대학교들에서 인정하는 공인 영어 시험으로 토플, 아이엘츠 등이 잘 알려져 있지만, 최근에는 듀오링고 영어 시험 성적을 인정하는 대학교들노 늘고 있다. 앞의 시험들과 이 시험의 가장 큰 차이는 온라인 시험이라는 점이다. 이 시험을 치르기 위해서는 반드시 준비해야 할 몇 가지가 있다. 정면 카메라와 마이크로폰, 스피커다. 시험을 치르는 동안 응시자의 카메라 영상을 분석해 부

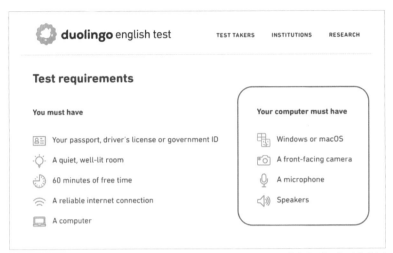

듀오링고 영어 테스트를 위한 필수요소

정행위 여부를 판단하여 문제가 없는 경우에만 성적표를 발급한다. 아이트래킹 기술은 앞으로 점점 발전할 것이고, 많은 자격증 시험들이 온라인 시험으로 전환될 것으로 보인다.

넷째, 또래 관계 등의 사회성에 문제가 생기진 않을까?

기존의 틀 안에서만 생각하면 틀 밖에 있는 모든 상황에 대해 '틀렸다'는 결론을 내릴 수밖에 없다. X세대(1966~1979년생) 이상의 연령에서는 사람들을 직접 만나 눈을 보며 이야기를 나누거나, 모여 앉아 밥을 먹고 차를 마시거나, 몸을 부딪히며 함께 운동을 해야 사회성이 좋다고 생각하는 경향이 있었다. 하지만 알파세대는 태어날 때부터 스마트폰과 태블릿PC를 보며 자랐고, 음성 인식만으로 작동하는 서비스, 영상 통화 등을 흔히 접했으며, 본의 아니게 팬데믹까지 겪으며 가상 공간도 어색하지 않게 됐다. 그러다 보니 이들은 가상 공간과 현실을 구분하지 않는다.

MIT의 미디어랩이 운영하는 코코 플랫폼A New Real-Time Co-Creative Platform for Young People을 활용하면 전 세계 어디에 있는 친구와도 함께 게임을 즐길 수 있다. AR로 구현된 화면을 함께 보며 한 아이가 자기 앞의 과일 이미지를 터치해 던지면 다른 아이가 이를 피하는 식의 게임이다. 이 게임은 다른 아파트, 다른 동네, 다른 지역 심지어 각기 다른 나라에 사는 두 어린이가 함께할 수도 있다. 이런 게임을 통해 친해진 아이들은 실제 만났을 때도 그리 어색해하지 않는다. 알파세대는 현실과 가상의 세계를 오가며 성장하는 세대이기 때문이다.

따라서 우리가 걱정하는 만큼의 사회성 문제는 발생하지 않을 가능성이 더 크다. 팬데믹 때문에 친구들을 못 만나던 아이들은 컴퓨터를 통해 줌을 실행하고, 스마트폰이나 태블릿PC를 이용해 친구와 함께 게임을 했다. 멀티미디어 기기가 두 개만 있으면 줌으로 친구와 얼굴을 보고 대화를 나누면서 모바일 게임을 하고 채팅도 한다. 팬데믹의 위험에서 벗어나 안전하게 게임을 즐기는 것이다.

물론 축구, 피구, 농구 등을 통해 몸으로 부딪히거나 물리적 공간에서 실제로 대면하며 얻게 되는 사회성은 부족할지 몰라도, 운동을 좋아하지 않거나 직접 만나서 이야기하는 걸 두려워하는 아이들에게는 오히려 가상 공간을 통한 사회성 증진 프로그램들을 통하면 사회성 발달에 효과를 볼 수 있을 것이다.

VR·AR·MR 기술을 활용한 원격 교육

　지금까지 팬데믹 시대에도 흔들리지 않도록 정비되고 있는 교육 시스템에 대해 살펴보았다. 코로나19 이전에 이런 것들이 준비되어 있었다면 학부모의 걱정을 많이 덜어 줄 수 있었을 텐데 하는 아쉬움도 있지만 이제라도 활발한 개발이 이뤄지고 있는 듯해 한편으로 기대도 된다.

　그럼에도 불구하고 이런 첨단 시스템이 도입되는 것에 고민되는 지점이 있는 건 사실이다. 아이들이 제대로 수업을 듣고 있는지 판단하겠다는 명목으로 아이들을 감시하는 느낌을 지울 수 없기 때문이다. 이런 감시 시스템이 정말 아이의 학습 역량을 향상시킬 수 있을까?

　물론 원격 수업에 집중하고, 학습 분위기를 흐트리지 않기 위해 최소한의 감시 기능이 필요한 건 사실이다. 다만 '말을 물가로 데려갈 수는 있어도 물을 억지로 먹일 수는 없다.'라는 격언이 있듯, 인간이 가장 훌륭한 성과를 내는 때는 자발성이 기반으로 되었을 때다. 감시를 통해 학습 효과를 높이는 데는 한계가 있다. 좋아하는 것을 스스로 찾고 계획해 학습할 수 있는 자기주도적 학습을 유도하는 것이 중요하다. 재미있는 교육 콘텐츠를 만들고, 교육 서비스의 질을 높이기 위한 방법은 없을까?

　최근 교육 플랫폼의 실습 과목에서는 가상·증강·혼합 현실 VR·AR·MR 기술을 접목하려는 노력을 많이 하고 있다. 이 기술의 가장 중요한 목표는 현실 세계 수업과 가상 세계 수업의 차이를 줄이는 것이다. 실습형 강의 혹은 체험형 강의의 경우 몸으로 배워야 하기 때문에 가상 세계 수업 시 그 효과를 오프라인 수준까지 올리는 게 쉽지는 않다. 이를 위해서는 콘텐츠 및 관련 기술 개발이 필요한데 그 비용이 다소 높은 편이라 상용화에 어려움을 겪고 있다. 하지만 최근 이 시장의 중요성과 시장 규모가 커짐에 따라 대학 연구소, 기업 연구소, 스타트업 기업 등에서 현실성 높은 체험형 VR·AR·MR 환경 구축을 위한 기술 연구들을 시행하고 있다. 이번에는 이런 기술 연구들을 통한 다양한 교육 사례들을 살펴보자.

첫째, 원격으로도 악기 수업을 들을 수 있다. 음악 교육에서 실기 레슨은 교사의 담화가 레슨 비중의 42%로 매우 높은 것으로 알려져 있다.[*] 학습자가 연주를 한 뒤에 실시간으로 피드백을 받는 것이 무엇보다 중요하고, 특히 연주자의 자세에 따라 악기의 소리가 달라질 수 있기 때문에 이를 파악할 수 있어야 한다. 그런데 영상만으로는 정확한 자세를 확인하기가 쉽지 않다. 이에 따라 최근 학습자의 몸에 동작 센서를 부착함으로써 학생의 자세를 정확히 파악할 수 있는 기술이 등장했고, 이를 통해 원격으로도 정교한 수업이 가능해졌다.

둘째, AR 기술을 이용해 무용 수업을 받을 수 있다. 2015년 일본 통신사 KDDI의 싱크 드림스SYNC Dreams는 ICT 기반 무용 교육을 위한 플랫폼을 구축해 교수자가 다른 국가에 살고 있는 학습자의 무용 동작을 실시간으로 피드백할 수 있게 했다. AR을 활용해 시각적으로

● 《문화예술교육연구(Korean Journal of Culture and Arts Education Studies)》, 제15권 제5호, 2020.10 (출처: 공학저널 www.engjournal.co.kr)

확인할 수 있게 한 것이다. 꽤 오래전에 개발된 기술이지만 현재까지도 상용화하지 못하고 있어 안타깝다. 상용화가 어려운 이유는 앞에서 언급했듯 시스템 개발에 드는 비용이 큰 까닭도 있지만, 무엇보다 교수자와 학습자가 이런 시스템에 적응하는 데 어려움을 느끼고 있으며, 오프라인을 통해 배우는 것이 여전히 보다 용이하기 때문이다. 이를 보완하기 위한 고민이 필요한 시점이다.

셋째, MR 기술을 통해 가상 공간에서 태권도 경기를 열고 평가할 수 있다. 세계태권도연맹은 가상 공간에서의 태권도 경기를 싱가포르의 VR 기업인 리프랙트 테크놀로지Refract Technology와 함께 개발했다. 신체에 동작 센서를 부착하고 사람 전신의 움직임을 실시간으로 추적해 가상의 공간에서 태권도 경기를 할 수 있게 한 것이다.

태권도의 품새 경기의 경우, 동작 인지 시스템을 이용해 AI가 채점을 하며, 선수들은 한 장소에 모이지 않고 각자의 공간에서 인터넷에 접속해 함께 품새 연습을 할 수 있다. 스파링 경기는 이보다 좀 더 복잡하다. 사람의 몸이 게임 컨트롤러가 되어서 다른 공간에 있는 사람과 발차기와 지르기 등으로 일대일 시합을 하는 것이다. 이러한 기술로 인해 태권도 경기에서 신체적·공간적 장벽이 사라지면 전 세계 사람들이 성별과 체급을 뛰어넘어 경기를 할 수 있게 된다.

스포츠에 있어 가상과 현실의 갭을 줄이기 위해서는 정교한 포스 피드백force feedback(충격이나 진동을 실제로 체감하게 하는 것) 기술이 필요하다. 하지만 포스 피드백을 센서를 통해 다시 상대방에게 전달하는 부분에 대해서는 법적 검토가 필요하다. 이와 같은 태권도 플랫폼은 교육에서도 활용할 수 있다. 한국에서 태권도를 배우고 있던 어린이가 지구 반대편 태권도 교육을 받을 수 없는 지역으로 이사를 가게 되더라도 이 시스템이 있으면 계속 태권도 수업을 받을 수 있는 것이다.

넷째, 언제든 원하는 시간과 공간에서 박물관이나 미술관을 견학할 수도 있다. 많은 사람들이 레오나르도 다 빈치의 〈모나리자〉를 직접 보기 위해 루브르 박물관에 가지만, 막상 가 보면 사람은 너무 많고, 그림은 생각보다 작아 실망했다는 이야기를 하곤 한다. 하지만 루브르 박물관의 온라인 투어는 VR 기술을 이용해 침대에 누워서도 〈모나리자〉를 감상할 수 있다. 혹시 밀로의 비너스 조각상을 보면서 그 옆에 나란히 서 보고 싶다는 생각을 한 적이 있는가. 온라인 투어에서는 정교한 사진 합성 기술을 이용해 밀로의 비너스 사진 옆에 자

루브르 박물관 〈모나리자〉 그림 앞에 모인 사람들

오큘러스를 통해 VR 체험 중인 모습

신의 사진을 합성시킬 수도 있다. 여기에 더해 동작 센서를 착용하고 걸으면 가상체험관을 걷는 경험을 할 수도 있지 않을까. 같은 체험을 하고 있는 친구들과 대화를 나누거나 사진을 찍고, 또한 나의 방문 여정을 동영상으로 남길 수도 있다면 사람들은 비용을 지불해서라도 이 가상의 박물관을 견학하고 싶을 것이다.

스마트글라스로 잘 알려져 있는 오큘러스Oculus는 이미 센서를 이용해 가상 공간에서 관광 콘텐츠를 즐길 수 있는 서비스를 제공하고 있다. 하지만 비용이 높고, 퀄리티에 대한 아쉬움이 남는다. 앞으로 언젠가는 1인칭 또는 3인칭 시점으로 미술관이나 박물관을 견학할 수 있는 날이 올 것이다. 그때쯤엔 자매결연을 한 미국 학교 아이들과 함께 프랑스 파리의 루브르 박물관으로 수학여행을 갈 수도 있지 않을까. 그리고 그리스 로마 신화에서 제우스가 왕이 되는 이야기를 읽다가 관련된 명화 파올로 베로네세Paolo Veronese의 〈악을 저지른 사람들을 벼락으로 치는 제우스〉를 VR로 체험하고, 작품과 함께 사진도 찍을 수 있지 않을까.

이런 기술은 아이들의 교육용으로만 필요한 게 아니다. 나이가 들고 체력이 떨어져 프랑스 파리까지 가기 엄두가 나지 않거나 루브르 박물관을 걸어서 관람하기 힘든 사람들에게 VR 기술은 신세계가 될 것이다. 아직은 많이 불편하고 어지럼증을 유발하기도 하지만 VR·AR·MR 글라스가 기술적으로 보완되고, 그에 맞는 여러 교육 콘텐츠들이 개발된다면 누구나 실감 나는 간접 체험을 통해 보다 쉽게 다양한 경험을 할 수 있게 될 것이다.

이처럼 예술과 체육 관련 체험형 플랫폼이 교육 시장에서 상용화되면 자연스레 아이들의 학습으로 연결될 수 있다. 아이들의 교육과 관련된 분야인 만큼 기업이나 정부 기관의 적극적인 투자가 요구된다.

다섯째, AR 기술을 적용해 보다 정확하고 안전하게 척추 수술 실습을 할 수 있게 됐다. 최근 들어 AR 영상의 정확도를 높인 VR 의료 실습이 확대되고 있다. 이 기술은 인체나 동물 장기와 유사한 VR 시뮬레이션을 사용하기 때문에 실제 장기 및 사체, 장비 비용을 줄일 수 있고, 실제 실습이 어려운 외과수술이나 정신과, 재활 치료 등에도 적극적으로 활용할 수 있다. 이는 의료 서비스의 생산성과 부가가치를 높이는 데 큰 도움이 된다.

출처: 분당서울대병원

분당서울대병원에서 개발한 AR 기술을 적용한 척추 수술용 플랫폼

2021년 분당서울대병원에서는 AR 기술을 적용한 척추 수술용 플 랫폼과 실시간 영상 합성이 가능한 원천 기술을 개발했다. 외과 수 술을 담당한 집도의가 착용한 머리 착용 디스플레이HMD, Head Mounted Display를 IR 카메라가 추적하고, 시선이 집중된 영역을 집중적으로 시 각화함으로써 AR 영상의 정확도를 높였다. 이 수술 과정은 추후 교 육을 위한 플랫폼을 구성하는 데 데이터로 사용되며, 향후 후배 양성 을 위한 교육 프로그램의 기초 자료가 될 것이다. 의료 교육에 있어서 VR이 접목되는 부분은 3D 인체 장기의 모델화, 병 진단, 환자의 수술 부위를 자유자재로 살피는 3D 가상 수술 시뮬레이터를 통한 수술 연 습 등이다. 이를 통해 비용과 위험을 줄일 수 있을 뿐 아니라 보다 많 은 의학도들을 직접 교육, 훈련시킬 수 있다.

상상은 '과학 기술과 만나' 현실이 된다

현재 한국의 출산율은 OECD 국가 중 최저다. 그 원인으로 크게 대두되고 있는 것이 바로 경제적 부담, 육아 부담이다. 육아 부담은 결국 교육과 관련이 있다. 맞벌이가 늘고 있는 사회 분위기 속에서 정부가 제공하는 교육 환경은 출산을 결정하는 데 큰 영향을 미친다. 기술의 발전, 그중에서도 특히 반도체 센서의 발전이 교육 서비스에 어떤 변화를 가져올지에 대해 크게 세 가지 측면에서 살펴보자.

첫째는 오프라인 학교의 변화다. 미래의 교실에서는 아이들이 등교해 교실로 들어오는 순간, 자동으로 출석 체크가 된다. 스마트 책상의 패널을 통해 아이들은 스스로 자료를 검색하며, 동시에 이 패널은 아이들의 시선을 추적한다. 이렇게 수집한 정보로 아이들의 관심 분야와 집중도가 떨어지는 학습 영역을 파악할 수 있고, 교사는 이 정보를 토대로 교육의 효율성을 높이는 수업 방식을 만들어 나간다. 또한 아이들이 착용한 웨어러블 밴드를 활용해 아이들이 자주 넘어지는 곳 등 아이들에게 위험한 장소 정보를 수집, 대책을 마련한다.

둘째는 온라인 학교의 도입이다. 아이가 독감에 걸린 채 학교에 가면 며칠간은 바이러스가 전파될 위험이 있다. 따라서 이런 경우 아이는 온라인으로 학교 수업을 들을 수 있다. 시간에 맞춰 교육 관련 플랫폼에 접속하면, 담임 선생님의 전자칠판 수업을 들을 수 있고, 앞에 놓인 정면 카메라를 통해 수업에 잘 집중하고 있는지를 확인받을 수 있다. 실습 수업도 MR 기술을 활용하면 문제없다. 소외지역에 살아서 학교가 너무 멀어 매일 출석하기 어려운 경우에도 유용하다.

끝으로 세계 각국 친구들과 함께할 수 있는 참여형 수업이 가능해진다. 오늘은 프랑스에 있는 A초등학교 B반 어린이들과 함께 루브르 박물관을 견학한 뒤에 파리의 주요 관광지를 방문하고, 다음 달에는 그 친구들과 함께 경복궁을 견학하고 서울의 주요 관광지를 방문한다. 스마트글라스를 통해 시간과 장소의 제약 없이 세계의 박물관, 세계의 친구들과 함께 수업에 참여할 수 있다.

관련 기술들은 이미 상당 수준 개발됐다. 하지만 기술 개발에 드는 비용과 콘텐츠 제작 비용이 높고, 기술을 접목한 서비스가 어지럼증을 유발하는 등의 문제로 불편하며, VR·AR·MR 결과물이 다소 완성도가 떨어지는 등 사용하는 데 현실적인 벽이 높기 때문에 교육 현장에 실제로 적용되기까지는 생각보다 시간이 더 걸릴지도 모른다.

앞에서 설명한 비용이나 기술적 문제뿐 아니라 교육 효과를 높인다는 미명하에 아이들의 프라이버시가 침해당할 수 있다는 점, 수업용으로 만든 영상 정보가 유출되면 사회적 문제가 발생할 수 있다는 점 등 고려해야 할 요소 또한 많다.

그럼에도 불구하고 언제 또 찾아올지 모르는 또 다른 팬데믹 시대에 대비해 교육 분야에 대한 기술 연구는 보다 적극적으로 이루어질 필요가 있다. 꼭 팬데믹에 대비해서가 아니라 몸이 불편한 학생, 소외지역 학생 등 교육 기회 제공의 사각지대를 없애기 위해서라도 스마트 교육 플랫폼 개발은 꼭 필요하다. 또한 이런 플랫폼들이 확대 적용되기 위해서는 비용을 낮추고, 사용하기에 편리하며, 콘텐츠가 다양해져야 한다.

언제 그런 날이 올까 싶겠지만 너무 걱정하지 않아도 된다. AI의 가능성은 1940년대 후반에 논의되기 시작했고, 학문으로서는 1956년에 첫발을 내디뎠다. 2008년만 해도 지금의 빅데이터에 비하면 소소한 데이터를 분석하는 데 하루종일이 걸렸지만, 지금은 같은 작업을 하는 데 5분도 채 걸리지 않는다. 새 시대를 열어 줄 교육 서비스도 머지않아 현실이 되리라 믿는다.

어떤 의미에서 보면 센서가 감시의 도구처럼도 느껴진다. 센서에만 의존하다 보면 인간의 오감은 감퇴할지 모른다는 걱정도 있다. 하지만 그로 인해 일대일 교육 서비스를 받고, 안전하게 학교생활을 하고, 시공간을 뛰어넘어 세계의 친구들과 소통할 수 있다는 점에서는 긍정적이다. 부정적인 측면이 걱정되어 포기하는 선택을 했다면 우리는 지금과 같은 첨단의 시대를 누릴 수 없었을 것이다. 우리가 흔히 사용하고 있는 노트북을 떠올려 보자. 노트북을 통해 정보를 검색하고, 친구와 대화를 나누고, 심지어 일기도 쓸 수 있다. 이런 편리성과 유용성에도 불구하고 노트북이 해킹당할 것이 두려워 사용하지 않겠다고 한다면 어리석은 일 아닐까. 위험성에 대해 충분히 인지하고, 사생활을 침해하지 않는 범위에서 기술을 잘 활용하는 지혜가 필요하다.

교육은 백년지대계百年之大計라 했다. 당장 돈이 되는 기술만을 바라보고 투자하면, 교육서비스 질 향상을 도모하기 어렵다. 아이는 모두 미래에 어른이 된다. 또한 고령화 사회인 지금의 중년은 10년 후, 20년 후에도 노년이 아닌 중년으로 계속 경제활동을 해야 할 가능성이 높다. 빠르게 변하는 기술과 사회를 따라가기 위해 학습은 늘 필요하다. 경제활동을 하면서 학습을 해야 할 때는 무엇보다 시간적·공간적 제약을 넘을 수 있는 교육 시스템이 필요하다.

미래의 교실을 개발하기 위해 가장 필요한 건 무엇일까? 다름 아닌 상상이다. 학교가 배치되기 어려운 지역에 사는 어린이들은 어떻게 배워야 할까? 물리적으로 몸이 이동하지 않더라도 배울 수 있는 교육 현장에서 서로 소통을 잘하기 위해서는 무엇이 필요할까? 과학 기술은 우리가 상상한 미래 교실이 구현될 수 있도록 다양한 방면에서 도울 것이다. 그렇기에 우리는 계속 상상해야 한다. 상상은 과학 기술과 만나 현실이 된다. 우리의 상상은 과학 기술자로 하여금 해결책을 찾게 하는 원동력이 될 것이다.

참고문헌

• 서은선, 〈아이트래킹 연구 활성화를 위한 모바일 아이트래커의 활용〉, 《한국콘텐츠학회논문지》, Vol.16, No.12, 2016.
• 루브르 박물관 온라인 투어, https://www.louvre.fr/en/online-tours
• 이광표, "모나리자 생애 500년, 그 결정적 순간", 《신동아》, 2019, https://shindonga.donga.com/3/all/13/1722360/1

SUMMARY

- 존재 감지 센서, 모션 센서로 아이들이 가정에서도 제시간에 원격 수업에 참여하게 할 수 있다.
- 아이트래킹 기술을 활용하면 집중도와 관심사를 파악하고, 온라인 시험에서의 부정행위 여부도 확인할 수 있다.
- 알파세대 아이들은 온라인에서도 어느 정도의 사회성을 키울 수 있고, 이에 대한 거부감이 없다.
- VR·AR·MR 기술을 활용하면 원격으로도 정교한 악기나 무용 등의 실기 수업, 스포츠 경기도 가능하며, 원하는 때에 원하는 공간에서 세계적인 박물관을 미술관을 견학할 수도 있다.
- VR·AR·MR 기술을 통해 정교한 수술 실습이 가능해져서 위험은 낮추고 비용은 절감하며 더 많은 의학도들을 교육, 훈련시킬 수 있다.
- 오프라인 교실은 스마트해지고, 온라인 수업은 다양화되며, 시간과 장소의 구애를 받지 않고 세계 각국의 친구들과 소통할 수 있다.
- 기술이 교육 현장에 제대로 적용되기 위해서는 비용은 낮추고, 사용하기에 편리하며, 다양한 콘텐츠가 개발되어야 한다. 더불어 아이들의 프라이버시에 대한 고민도 필요하다.

chapter 9

최첨단 센서가
가장 먼저 시작되는 곳, 국방

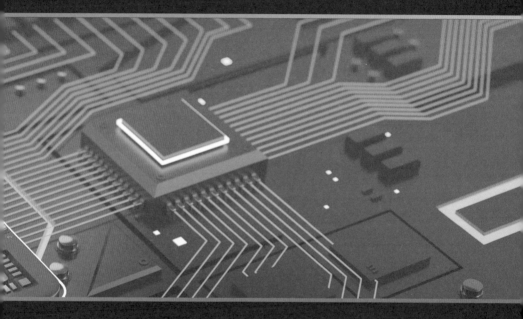

박 영 욱

(사)한국국방기술학회 이사장

서울대학교 지구과학교육 학사, 동 대학원에서 유럽과학사와 미국과학기술사로 석사 및
박사 학위를 받았다. 국회와 방위사업청에서 국방정책 입법과 행정업무를 담당했고, 방
산기업에서의 근무 외에도 광운대학교와 동양대학교, 카이스트를 비롯한 여러 대학에서
국방과학기술정책을 중심으로 강의와 연구경력을 쌓았다. 현재 우석대학교와 명지대학
교 객원교수이자 (사)한국국방기술학회 이사장을 역임하고 있다.

* 이 글은 오랜 기간 유무인기와 미사일, 유무인 복합체계 등 우리나라의 주요 무기 체계를 개발해 온 국방과학연구소
  이정석 박사의 도움을 받아 작성되었습니다.

전장에서 감시정찰의 역할과 임무를 담당하는 센서는 더 멀리 보고 더 선명한 영상을 얻기 위한 목적으로 발전해 왔다. 레이더 자체는 꽤 오래전에 발명됐지만 현대 전투기 센서의 꽃인 AESA 레이더나 자율주행차에 장착된 레이저 레이다는 비교적 최근에 개발된 최첨단 레이더다. 최고의 성능과 기능을 요구하는 국방 센서의 특성상 앞으로도 더 발전된 새로운 센서 소재와 기술들이 국방 무기들에 가장 먼저 적용될 것으로 예상된다.

극한의 환경에서 작동하는 국방 센서

　센서란 세상의 모든 물체와 현상을 감지하고 그 정보를 수집, 검출해 신호로 바꿔 전달함으로써 사람이나 기계가 인지하거나 작동할 수 있게 해 주는 소자와 장치 일체를 말한다. 군사 또는 국방 분야에서 사용되는 이른바 '국방 센서' 역시 가전이나 자동차 등에 사용되는 보통의 센서들과 특별히 다르지 않다. 다만 군사적 목적의 무기나 정찰 등에 사용되기에 이에 맞춰 특별히 강화되어야 할 특성들이 필요한 건 사실이다.

　우선 군사용 무기는 수 미터에서 수천 킬로미터 이상 떨어진(지상·수중·공중·우주) 표적의 위치와 동태를 정확히 파악해(시각적 탐지 외에도 청각 탐지, 또는 진동을 느끼는 것 등 모든 감각 기능을 포함) 더 빠르고 정확하게 공격할 수 있어야 한다. 또한, 나를 공격하는 적을 빠르게 탐지해 적이 공격해 오기 전에 적절하게 대응해야만 적으로부터 나를 지킬 수 있다. 이러한 무기가 사용되는 전장은 대부분 우리 일상과 매우 다른 극한의 환경이다. 극저온이거나 고온다습, 진동이나 먼지 또는 전자기파의 영향에 강하게 노출되는 환경일 수도 있고, 화생방 오염 환경, 심해나 우주 환경까지도 가정해야 한다.

따라서 국방 센서는 이런 열악하고 특수한 환경에서도 제 기능을 발휘할 수 있을 만큼 튼튼해야 히고, 무엇보다 분해능과 정확도가 높아야 하며, 낮은 신호 대 잡음비에서도 신뢰성 있는 성능을 보장할 정도의 고품질 센서여야 한다. 물론 일상 센서들을 바로 군용으로 사용할 때도 간혹 있으나 대체로 국방 센서들을 개발하거나 제작하려면 최첨단 기술력이 뒷받침되어야 하기 때문에 일반 센서에 비해 고가일 수밖에 없다.

무기의 3대 핵심 기능

전장에서 필요한 무기의 3대 핵심 기능은 감시정찰ISR, Intelligence·Surveillance·Reconnaissance, 지휘통제C4I, Command·Control·Communication·Computer·Intelligence, 정밀타격PGM, Precision Guided Munition이다(ISR과 C4I를 합쳐 C4ISR이라고도 한다). 현대전에서의 무기란 이 세 가지 핵심 기능을 수행하는 복합 무기 체계라고 할 수 있다. 지금부터 각 기능에 대해 하나하나 짚어 보자.

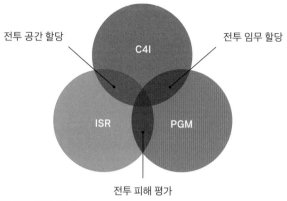

전투 공간 할당

C4I

전투 임무 할당

ISR

PGM

전투 피해 평가

전장 개념 및 복합 무기 체계

오늘날의 전쟁은 적보다 먼저 보고, 빠르게 판단 및 결심하고, 표적을 정밀하게 타격해야 이길 수 있는 속도전 양상으로 발전하고 있다. 현대의 전장이 속도전 양상을 띠게 되면서 하나의 기능만 있는 단일 무기 체계보다 여러 기능을 한번에 빠르게 수행할 수 있는 복합 무기 체계가 등장, 발전하고 있다.

적을 먼저 본다는 건 전장의 상황을 먼 거리에서 실시간 파악한다는 것을 의미하며, 이는 감시정찰, 즉 ISR에 해당한다. 센서의 핵심 역할이라 할 수 있는 ISR은 옛날로 치면 척후병의 역할이다. 척후병은 전장에서 먼저 조용히 적의 진영에 접근해 적의 침투 징후를 미리 관찰하고 전장의 전개 방향을 예측하여 군사를 전진시킬지 후퇴시킬지, 어디를 공격할 것인지 등 작전 판단의 가장 중요한 단서를 지휘관과 지휘부에 제공했다. 물론 전시 상황이 아닌 때에도 언제 어떤 상황이 벌어지는지 살피기 위해 늘 작동되어야 하는 무기가 바로 ISR 센서다. ISR 센서는 적보다 먼저 전쟁의 징후를 예측, 감시해야 하기 때문에 언제나 최상의 상태로 작동되어야 하고, 고품질·고성능을 유지하기 위해 무엇보다 빠르게 첨단 기술을 적용, 발전시켜야 한다.

이렇게 전장의 정보를 얻었다면 승기를 잡기 위해 무엇보다 빠르게 판단하고 결심해야 한다. 이때는 다양한 센서들로부터 감지한 적진의 동태와 전장 상황, 즉 감시정찰 정보들을 실시간으로 빠르게 융합해 공격과 수비를 결정하는 의사 결정 기능이 필요하며 앞에서 이야기한 지휘통제, 즉 C4I가 여기에 해당한다. 이 기능을 수행하는 무기 체계는 ICT를 기반으로 다양한 센서들이 수집한 대용량의 정보를 빠르게 융합, 처리해 신속한 의사결정을 내릴 수 있도록 지원한다. 최근 AI 등 지능 정보 기술의 혁신적인 발달로 다양한 센서 정보 데이터를 더욱 신속하게 분류, 융합, 처리해 빠르고 정확하게 인간 지휘관의 의사 결정을 돕는 방향으로 무기 체계들이 발전하고 있다.

마지막으로 PGM은 정밀타격 기능을 의미한다. 이는 센서로 감지한 정보의 처리와 의사결정 결과에 따라 최종적으로 표적을 정밀하게 공격하는 기능으로, 원거리 정밀타격 미사일이나 포를 이용한 직접 타격을 생각할 수 있다. 우리가 흔히 '무기'라고 하면 이 같은 타격 기능을 수행하는 무기만을 주로 연상하는데, 현대 전장에서는 대개 앞서 설명한 바와 같이 감시정찰 무기, 정보통신 무기, 타격 무기들이 각각 또는 복합화해 동시에 활용되고 있다.

여기서 한 발 더 나아가면, 먼저 보고 먼저 결심하고 먼저 타격한 뒤 이 임무들이 제대로 수행됐는지를 평가하는 전장 피해 평가BDA,

Battle Damage Assessment 단계가 있다. 이 단계에서는 타격 무기 체계가 정확히 표적을 공격했는지, 추가 공격이 필요한지, 아니면 다른 표적으로 이동해야 하는지를 재차 확인해야 하는데 이런 확인 기능 역시 센서의 몫이다.

과거 전쟁에서는 전투원의 육체적 센서, 즉 눈과 귀로 전장을 살폈다. 눈과 귀로 살핀 적군과의 거리와 위치, 동태 등의 정보는 척후병이 직접 뛰어 본부에 전달했다. 이후 인간의 시각 기능을 확장한 망원경과 카메라에 2차원 시각 센서가 쓰이기 시작했고, 여기서 더 발전해 망원렌즈를 붙여 줌인과 줌아웃 기능을 가진 카메라가 등장했다. 그리고 지금은 야간에도 사물을 볼 수 있는 적외선 카메라 정도는 흔한 장비가 됐다. 또한 고감도로 빛을 감지하는 검출기 센서 기술이 발달하면서 엄청나게 먼 거리, 심지어는 우주에서까지 지표면의 전장을 감시정찰할 수 있다. 뿐만 아니라 가시광선을 넘어서 전자파 발사 후 표적에 반사되어 온 전자파를 분석해 표적을 인지하는 레이더 센서들이 수천 킬로미터 밖의 전장을 인식하는 수준에 이르렀다. 가령 초수평선 레이더는 곡률에 의해 먼 거리의 수평선 너머로 가려진 수천 킬로미터 밖에서 접근하는 적의 함정들을 미리 포착할 수 있을 정도의 초고성능을 자랑한다.

이렇게 얻은 감시정찰 센서의 정보는 원거리에서 본부까지 실시간 전달 가능하다. 기원전 490년경 그리스-페르시아 전쟁 당시 마라톤 평원에서 페르시아군을 무찔렀다는 승전보를 안고 아테네에 전달하기 위해 달렸던 그리스 병사의 일화는 전장 정보의 전달 과정을 잘 보여 준다. 이렇듯 과거에 전장의 정보를 전달했던 공간 거리는 기술이 발달하면서 육상, 해상, 공중 등 전 지구 영역으로 넓어졌고, 이제 심지어 우주로까지 확대돼 우주전의 양상을 띠게 됐다. 여기서 말하는 우주전은 SF 영화에서처럼 우주에서 우주 전함을 탄 지구인과 외계인들이 싸우는 전쟁이 아니라 정찰위성, 통신위성, 항법위성 등 우주 자산들을 활용한 전쟁을 말한다.

정찰위성은 그 자체로 하나의 센서 장치라고 할 수 있다. 우주에서 지구 표면의 전장을 가시광선 또는 적외선을 이용해 촬영하는 전자광학 영상 센서나 전자파를 잡아내는 레이더 센서 등 첨단 센서들은 우주 비행 시각 복합 센서 무기다. 통신위성은 센서들이 감지한 정보를 원거리에서 실시간으로 정확히 전송해 주는 C4I 기능을 수행하고, 항법위성은 전장이나 일상에서 정확한 위치 및 시간 정보를 알려주는 GPS 발송 장치를 탑재한 위성으로, 현대전에서는 없어서는 안 될 첨단 필수 무기 체계다.

군용 레이더부터 GPS 항법 센서까지

첨단 무기에 필수 요소가 되어 버린 반도체 센서는 신호를 통해 정보를 얻는다. 외부로부터의 갖가지 신호는 전기 신호로 바뀌어 처리되는데 이 과정에서 반도체의 여러 효과들이 이용되며, 이를 이용한 다양한 센서를 통틀어 반도체 센서라고 부른다. 센서에 가장 널리 사

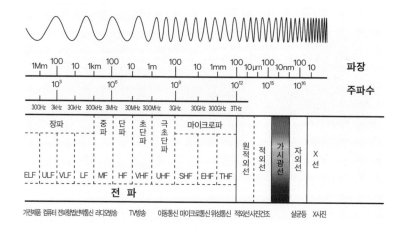

파장												
1Mm	100	10	1km	100	10	1m	100	10	1mm	100 10μm	100 10nm	100 10

주파수 10^3 10^6 10^9 10^{12} 10^{15} 10^{18}

300Hz 3kHz 30kHz 300kHz 3MHz 30MHz 300MHz 3GHz 30GHz 300GHz 3THz

장파	중파	단파	초단파	극초단파	마이크로파		원적외선	적외선	가시광선	자외선	X선
ELF ULF VLF	LF	MF HF	VHF	UHF	SHF EHF	THF					

전 파

가전제품 컴퓨터 전파항법선박통신 라디오방송   TV방송   이동통신 마이크로통신 위성통신 적외선사진건조   살균등 X사진

출처: 한국방송통신전파진흥원

파장과 주파수에 따른 전자기파의 분류 및 용도

용되는 신호는 전자기파電磁氣波다. 전자기파란 전기가 흐를 때 주위에 발생하는 전기장과 자기장이 주기적으로 바뀌며 생기는 에너지 파동을 말한다. 전자기파는 파장(한 물결 파동의 길이)에 따라 그 성질이 달라지는데 영역별로 전파, 적외선, 가시광선, 자외선, X선 등으로 분류한다. 센서마다 사용하는 전자기파가 다른데 레이더, 레이저, 항법, 음향 센서는 전파를, 전자광학 센서는 가시광선과 적외선 신호를 모두 사용한다. 현대전에서의 첨단 무기에는 어떤 전자기파를 활용한 반도체 센서들이 활용되고 있는지 살펴보자.

첫째, 가장 대표적인 국방 센서에는 레이더가 있다. 전파탐지기라고 불리기도 하는 레이더는 전파 신호를 쏘아 대상에 부딪힌 뒤 되돌아오는 반사파를 측정, 분석하여 방향, 거리, 속도 등 그 대상을 탐색하고 파악하는 센서다. 적의 비행기 위치나 목표 표적을 알아내는 등

탐색 레이더　　　　**관제 레이더**　　　　**추적 레이더**

현대 전장에서 레이더 센서의 역할은 매우 중요하다.

레이더는 1900년대 초, 독일 과학자 홀스마이어Christian Hülsmeyer가 전자파의 반사를 이용해 배를 탐지할 수 있다는 것을 증명하고 특허를 출원하면서 처음으로 그 개념이 정립됐다. 그 후 1930년대 영국 물리학자 로버트 왓슨 와트Robert Watson-Watt가 이동하는 비행기의 위치를 탐지할 수 있는 초기 레이더를 제시했고, 2차 세계대전 기간에 영국과 독일을 중심으로 참전국 간 군용 레이더 개발 경쟁이 이어졌다. 특히 1940년 영국은 최초로 독일 공군의 공습에 레이더를 활용한 방공 시스템을 효율적으로 사용하기 시작했으며, 미군 역시 일본과의 해상 전투에서 레이더를 본격적으로 활용하면서 레이더가 전쟁을 좌우하는 중요한 센서로 부상하게 됐다.

군용 레이더는 구분 방식에 따라 매우 다양한 종류로 나뉜다. 기능에 따라, 또는 탐색하고자 하는 목표 대상이나 거리에 따라 구분하기도 하고, 이용하는 전자기파 신호 영역에 따라 나누기도 하며, 형태에 따라, 또는 센서를 탑재하는 무기 체계별로 구분하기도 한다.

둘째는 민간이나 군용 모두에서 자주 사용하는 센서인 전자광학 센서가 있다. 이 센서 역시 레이더와 마찬가지로 능동적으로 허공에 전자기파를 쏘아서 대상 물체에 부딪혀 돌아오는 반사파를 탐지하거나 물체에서 발산해 오는 전자기파를 수동적으로 탐지하는 방식이다. 광학 카메라의 작동원리와 동일하다고 생각하면 이해하기 쉽다. 낮에는 카메라에 들어오는 빛을 수동적으로 받아서 촬영하고, 밤에는 플래시를 켜서 반사되는 빛을 촬영하는 것과 같은 원리다.

전자광학 센서와 레이더의 차이점은 신호 영역에 있다. 레이더가 전파 신호를 사용하는 반면, 전자광학 센서는 가시광선과 근적외선 파장 영역의 신호를 사용한다. 또한 카메라의 필름 대신 반도체 소자인 CCD Charge Coupled Device를 감지 센서로 사용해 표적으로부터 카메라에 들어오는 영상을 디지털 방식으로 얻는다. 가시광선 영역의 빛을 이용하기 때문에 고해상도의 영상을 얻기 위해서는 광학 렌즈와 함께 적은 양의 빛이라도 민감하게 탐지하는 빛 감지 센서가 핵심 기술이다.

셋째는 레이저 센서다. 전형적인 레이저 광은 가늘고 퍼지지 않는 직진성을 갖고 있으며 단색, 즉 오직 하나의 파장이나 색으로 이루어져 있다. 반면, 백열전구와 같은 대부분의 광원은 수많은 빛을 넓은 파장 범위에서 넓은 면적으로 방출한다. 레이저의 파장은 매질 등의 구성 요소에 따라 정해진다. 아르곤에서는 푸른색, 이산화탄소에서는 무색(적외선), 루비에서는 붉은색의 레이저가 방출되는 식이다.

국방 센서로서 레이저는 점점 더 중요해지고 있다. 표적까지의 거리를 측정하고, 공격 대상을 식별하거나 미사일 등의 무기를 유도하는 데 사용되기도 하며, 최근에는 레이저를 이용한 레이더가 개발되고 있다.

레이저 센서는 기능에 따라 거리 측정(레이저 거리 측정), 추적(레이저 위성 추적 시스템), 라이다 등으로 구분한다. 이 중 라이다는 레이저나 LED 빛을 이용한 센서로, 자율주행차의 눈이라고 불리며 최근 각광받고 있다. 광학 카메라와 달리 레이저 펄스를 사용하기 때문에 기상 상황에 상관없이 정확하게 주변 상황을 인식할 수 있다는 장점이 있어서 자율주행차의 안전 운행을 위해 필수적인 센서로 자리 잡아가고 있다. 이를 군용에 적용하면 어떨까. 보통의 자율주행차가 정해진 도로 위를 주행하는 정도라면 군용 자율주행차는 비포장이나 험지, 야지 주행이 필수라, 보다 고성능의 라이다를 장착해야 한다.

넷째는 음향 센서인데 음향 센서에는 여러 종류가 있으나 군사용으로 가장 많이 사용되고 있는 건 수중에서 쓰는 소나Sonar, SOund Navigation And Ranging다. 이는 음파를 이용해 수중에 있는 목표의 방향과 거리를 알아내는 장비로, 음파탐지기, 음향탐지기 혹은 음탐기라고도 불린다. 공기 중에서는 음파보다 전자기파가 더 빠르고 멀리 전달되기에 전파 신호를 이용해 공중이나 지상, 그리고 해상의 목표물을 탐지하지만, 수중에서는 이를 사용하기 어렵기 때문에 대신 음파 신호를 이용하는 수중용 센서, 소나가 나오게 된 것이다. 소나에 활용되는 음파는 초속 약 1,500m 속도의 압력파로서, 수중에서 빠르게 전달되는 성질이 있다. 현재까지는 소나가 수중에 존재하는 여러 물

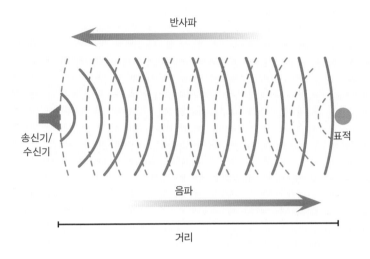

반사파

송신기/
수신기

표적

음파

거리

소나의 원리

체와 목표를 탐지하는 유일한 수단이다.

　보통 소나는 능동 소나와 수동 소나로 구분한다. 능동 소나는 레이더의 작동원리와 유사하다. 음파의 송신기와 수신기를 함께 갖고 있고, 송신기에서 보낸 음파가 표적에 반사돼 돌아온 신호를 수신기에서 받아 적의 잠수함이나 기뢰 등을 탐지하고 표적의 방향과 거리를 측정한다. 수동 소나는 소리 수신기만 갖고 있는데, 항해하는 적의 잠수함이 엔진이나 프로펠러에서 내는 소음을 수신해 표적의 종류를 식별하는 잠수함의 핵심적인 탐지 장비다. 능동으로 음파를 발생하지 않기 때문에 잠수함같이 은밀하게 이동해야 할 때 매우 유용하게 사용된다. 수동 소나로 군함인지 상선인지 어선인지, 또는 추진축과 스크류 날개가 몇 개인지뿐 아니라 침투경로와 속력까지도 분석해 낼 수 있다.

지금까지는 소나의 신호를 사람이 직접 듣고 대상 표적을 분류하는 방식으로 운용해 왔으나 최근 AI를 이용해 미리 학습된 소나 데이터와 현장에서 탐지한 소나 신호를 비교 분석하여 표적을 식별하는 수준으로까지 소나 기술이 나날이 발전해 가고 있다.

이외에도 전기장의 변화를 감지하는 전기장 센서electric field sensor, 지자기의 변화를 감지하는 지자기 센서geo-magnetic sensor, 그리고 중력의 변화를 감지하는 중력 센서가 군사용 무기에 두루 사용되고 있다.

가장 일반적인 전기장 센서는 여러 개의 기둥 사이에 전기장 와이어와 센서 와이어를 연결해 놓은 형태다. 보통 특정 영역의 침입을 감시하고 식별하기 위해 사용하는데, 침입자가 감지 영역으로 진입하게 되면 주장치에서 입력된 전기장 에너지를 모니터하고 분석해 전기장의 변화로 침입자를 인식하는 원리로 작동된다. 군용으로 사용되는 대표적인 경우가 휴전선의 철책 경계망에 설치된 센서 장치다.

지자기 센서는 지구의 자기장을 측정하는 센서다. 지구는 지자기라고 하는 자기장으로 둘러싸여 있다. 지자기 센서는 이런 지구의 지자기를 검출해 방위 정보를 얻는 센서로, 전자 컴퍼스라고도 한다. 측정 단위는 마이크로 테슬라μT이며, 지구상에서 가장 많이 팔리는 센서 중 하나로, 스마트폰부터 인공위성까지 이 센서를 안 쓰는 곳이 없을 정도다. 자동차에도 지자기의 방향을 검출하는 지자기 센서를 이용하고 있고, 멀티 커뮤니케이션 시스템이나 전자 방위계에서도 이를 통해 차량의 진행 방향을 산출한다. 물론 이러한 자기 센서는 현

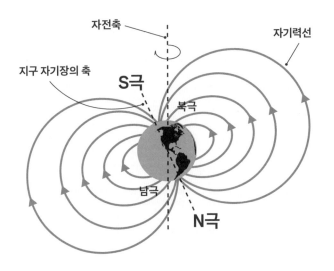

자전축

자기력선

지구 자기장의 축

S극

북극

남극

N극

지구를 둘러싼 자기장

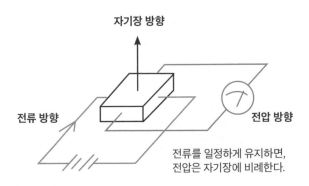

자기장 방향

전류 방향

전압 방향

전류를 일정하게 유지하면,
전압은 자기장에 비례한다.

지자기 센서의 원리

재 함정과 잠수함, 전차 등 군사용 무기 체계에도 다양하게 사용되고 있다.

중력 센서는 최근 스마트폰이나 태블릿PC뿐 아니라 게임기, MP3, 내비게이션, 블랙박스, 카메라 등 각종 IT 기기에 걸쳐 폭넓게 쓰이고 있다. 이는 중력이 어느 방향으로 작용하는지를 스스로 감지하는 장치로, 물체의 가속도와 진동, 충격까지 감지할 수 있는 센서다.

끝으로 소개할 센서는 항법 센서다. 100년 전만 해도 사람들은 지도를 챙겨 길을 떠났지만 지금은 휴대폰만 있어도 국경을 넘어 여행할 수 있고, 심지어 내 위치와 이동 경로를 실시간 데이터로 저장하기도 한다. 항공기나 선박, 차량 등을 한 장소에서 다른 장소로 이동하기 위한 위치·경로·시간 정보, 즉 PNT Positioning, Navigation, Time를 제공하는 내비게이션인 항법 센서 덕분이다.

대표적인 항법 센서에는 관성항법시스템INS, Inertia Navigation System과 전지구위성항법시스템GNSS, Global Navigation Satellite System이 있으며, 그 외에도 지자계 항법, 중력구배 항법, 그리고 복합 항법 등이 있다.

INS는 대부분의 무기에 기본적으로 설치된 항법 센서로, 자이로스코프, 가속도계, 지자계 센서로 구성된 IMU를 이용한 내비게이션을 말한다. 이는 2차 세계대전 당시, 독일군이 비행 제어를 위해 자이로스코프를 V2 로켓에 처음으로 탑재하면서 대표적인 군용 기술로 자리 잡았다. 현재는 미사일 유도나 군용기 항법 등에 다양하게 쓰이고 있고, 점차 민간 분야로 확대되면서 민간 항공기 같은 비행체뿐 아니라 휴대폰에 이르기까지 그 쓰임새가 매우 다양해졌다. 외부 위성 시스템 없이 자체적으로 위치 정보를 얻는다는 점에서 유리하긴 하지만, 장시간 비행할 경우 위치 오차가 누적되기 때문에 이를 보정하기 위해 주기적으로 위성항법을 사용해야 한다.

잠수함은 보통 해상이나 지상 또는 공중에서와 같이 자신의 위치를 파악하기 위해 GPS와 같은 위성항법 센서를 이용할 수 없다. 따라서 INS를 탑재해 수중 위치를 확인한다. 그러나 INS는 위치 오차 발생이 불가피하기 때문에 이를 보정하기 위해 주기적으로 일정 수심까지 올라와 위성항법 장치로 자신의 위치를 확인하기도 한다. 그리고 만약 장기간 수중에서 은밀한 작전 수행을 위해 수면으로 올라올 수 없을 때는 지자기 센서를 이용해 수중에서 자신의 위치를 보정한다. 이처럼 정밀한 위치 정보를 필요로 하는 무기 체계들은 보통 여러 종류의 항법 체계를 복합적으로 활용하게 되는데, 이를 복합 항법이라고 한다.

한편, 미국이 군사적 목적으로 개발한 GNSS GPS 기술은 1957년, 인류 최초로 구 소련이 쏘아 올린 인공위성 스푸트니크의 발사 때문에 시작됐다. 스푸트니크 위성 발사 성공은 적대국 소련이 미국인들의 머리 꼭대기 위에서 매 순간 일상을 감시하면서 언제라도 핵폭탄을 미국에 떨어뜨릴지도 모른다는 공포심으로까지 발전했고, 미국은 이에 대응하기 위해 전체 국가 시스템을 가동했다. 이 과정에서 존스홉킨스대학교 응용물리학연구소APL, Applied Physics Laboratory 연구팀이 스푸트니크를 추적하면서 스푸트니크의 전파 신호가 그 위치와 거리에 따라 주기적으로 변하는 독특한 현상을 발견하게 되는데 이게 바로 도플러 효과다. 연구팀은 이에 착안해 전파 수신으로 위성의 위치를 찾는 방법, 이를 거꾸로 적용해 세 개 이상의 위성 신호를 지상에서 받아 지상의 위치 정보를 얻는 방법을 고안한다.

그리고 스푸트니크 충격으로 설립된 미 국방부의 연구개발 담당 기관인 첨단연구개발국ARPA(DARPA의 전신)이 이 아이디어를 발전시켜 핵미사일과 핵잠수함을 운용하는 데 위성을 활용할 항법시스템 트랜싯transit이 개발됐고, 1978년에는 GPS용 1호 항법위성이 발사됐다. 이후 미국은 30년간 30여 개의 항법위성을 쏘아 올리면서 세계 최초로 전 지구를 감싸는 군사용 위성항법시스템을 완성시키게 된다.

민간인들이 처음부터 위성항법 센서를 사용할 수 있었던 건 아니다. 1983년 미국을 떠난 한국행 여객기가 INS 이상으로 경로를 이탈해 구 소련의 영공을 침범하면서 격추당하는 바람에 탑승객 전원이 사망한 사건이 발생하는데 이 사건을 계기로 미국은 일부 GPS 전파 신호를 민항기도 사용할 수 있도록 개방하기로 한다. 그렇게 해서 지금은 지구 어디에서라도 GPS 수신기만 있으면 손쉽게 위치 정보를 얻을 수 있다. 그렇게 위성항법 센서가 일상으로 파고들게 된 것이다.

물론 이후 미국은 더욱 정밀하고 보안에 강한 군사용 위성항법시스템을 구축해 왔다. 군사용 GPS는 미군이나 동맹국의 군대만 사용할 수 있으며 보안을 위해 암호화돼 있어 일반인은 사용할 수 없다. 군사용 위치 정보를 수신할 수 있는 수신기도 미국의 승인과 통제를 받아야 도입할 수 있고, 주기적으로 미군의 암호관리 통제도 받아야 한다. 현대전의 거의 모든 무기는 위치정보가 필요하고, 위치정보를 수신할 수 있는 위성항법 센서를 장착해야 한다. 하지만 군용 GPS 수신기 장착에는 많은 제한이 있는 반면 민간용은 쉽게 사용할 수 있기 때문에 일부 보안에 취약한 경향이 있기는 해도 때에 따라서 민간용 GPS 수신기를 장착하는 경우도 많다. 현대전에서 위치 정보는 그만큼 핵심적이고 중요하기 때문이다.

미국 GPS에 종속되는 것을 경계하는 몇몇 강대국들도 위성항법시스템을 만들기 위해 엄청난 자원을 쏟고 있다. 미국의 GPS가 있음에도 불구하고 이들이 독자적인 위성항법시스템을 구축하려는 이유는 미국의 GPS가 태생적으로 군사적 목적에서 개발되었다는 점 때문이다. 모든 무기들이 GPS를 통해 위치 정보를 얻고 있는데 어느 순간 미국이 GPS 신호를 차단해 버리면 거의 모든 항공기나 무기들을 사용할 수 없게 되고 국민들의 일상이나 국가 기관 시설 운용에도 엄청난 혼란이 발생할 수 있다. 미국과 거의 비슷한 시기에 러시아가 글로나스 시스템GLONASS을 구축했고, 유럽 EU국들은 갈릴레오 시스템을, 중국은 베이두Beidou를 가동하기 시작하였으며 인도(나빅)와 일본(QZSS)도 지역 기반의 위성항법시스템 운용을 막 시작했거나 출발을 눈앞에 두고 있다. 우리나라 역시 지역 기반의 한국형 항법시스템인 KPS 사업을 이제 막 시작했다.

요즘 GPS는 거의 모든 민간 산업 영역에서 활용되고 있다. 군사적 목적에서 시작됐지만 워낙 광범위하게 민간 활용처가 늘면서 위성항법기술의 군사안보적 측면뿐 아니라 산업경제적 목적과 비중이 매우 커졌다. 그 외에도 항법 센서를 비롯한 우주기술이 ICT 기반 4차 산업혁명 기술과 결합하면서 우주 산업의 상업화 비중이 더욱 높아지는 추세다.

　최근에는 GPS에서 제공하는 위치 정보와 지상의 정확한 위치를 파악하고 있는 고정국을 활용한 DGPSDifferential GPS 기술을 이용해 이전보다 정확한 위치를 알 수 있게 됐다. 물론 GPS 신호는 우주에 있는 위성 신호를 수신해야 하므로 이 신호를 방해하는 전파 방해 장치, 즉 GPS 재머Jammer에 취약한 경향이 있다. 군사용 GPS의 경우 이런 전파 방해에 대한 보안 수준이 상당히 높긴 하지만, 그럼에도 불구하고 완벽하기는 어렵다. 또한 현재 민간용 GPS를 장착한 무기도 많이 운용되고 있어 이에 대한 보완책이 절대적으로 필요한 상황이다. 무기뿐 아니라 민간에서도 위성항법 센서의 용처는 매우 다양해지고 있기 때문에 위성항법 신호 방해에 대비하고 이를 극복하기 위한 기술 개발이 필요하다.

유무인 정찰기와 정찰위성으로 본 국방 기술의 미래

　지금까지 국방 센서의 필요성과 역할, 그리고 대표적인 몇 가지 센서에 대해 살펴보았다. 전장에서 감시정찰의 역할과 임무를 담당하는 센서는 더 멀리 보고 더 선명한 영상을 얻기 위한 목적으로 발전해왔다. 레이더 자체는 꽤 오래전에 발명됐지만 현대 전투기 센서의 꽃인 AESA 레이더나 자율주행차에 장착된 라이다는 비교적 최근에 개발된 최첨단 센서다. 최고의 성능과 기능을 요구하는 국방 센서의 특성상 앞으로도 더 발전된 새로운 센서 소재와 기술들이 국방 무기 체계에 가장 먼저 적용될 것으로 예상된다.

고성능 반도체에 작은 신호도 감지해 내는 초민감 센서 신소재 기술이 적용되면 군사용 전자광학 센서의 성능은 더욱 고도화될 것이다. 또한 전자기파의 신호를 빠르고 정확하게 처리해 줄 소프트웨어 기술의 발전도 센서 성능 고도화에 큰 영향을 준다. 고성능 국방 센서를 장착하고 탑재한 무기 체계들을 보면 국방 센서가 구체적으로 어떻게 전장에서 쓰이고 있고, 어떤 방향으로 발전해 갈지 짐작해 볼 수 있다. 따라서 이번에는 정찰기와 무인 정찰기에 탑재된 첨단 기술들을 살펴봄으로써 국방 센서의 미래를 그려 보자.

감시정찰은 원거리에서 넓은 지역을 가장 먼저, 정확하게 보는 것을 목표로 한다. 따라서 이때 센서는 지상에 있기보다 공중이나 우주에 있는 것이 유리하기 때문에 전자광학 센서, SAR 레이더, 레이저 센서 같은 고성능 센서를 항공기나 위성에 탑재해 높고 먼 거리에서 운용하는 경우가 많다. 앞으로도 계속 공중에서의 감시정찰 센서의 역할은 확대될 것이다.

감시정찰 목적으로만 운용하는 군용 유인 정찰기는 이미 많은데, 대표적으로는 우리 군도 운용하고 있는 공중조기경보통제기AWACS가 있다. 현재 지구상에서 가장 활발히 정찰 활동을 벌이고 있는 무기 체계가 우크라이나-러시아 전쟁에서 러시아군의 군사 활동을 감시하

나토 AWACS 정찰기

는 나토군의 AWACS일 것이다. 그 자체로 날아다니는 고성능 레이더라 할 수 있는 AWACS는 한번에 최대 아홉 시간가량을 비행하며 최대 수백 킬로미터 떨어진 적 항공기의 움직임을 정찰한다.

유인기뿐 아니라 무인기도 감시정찰 센서 플랫폼으로 활용되고 있다. 지상 10km 이상에서 운용되는 고고도 무인 정찰기 글로벌 호크Global Hawk RQ-4는 우리 공군도 도입해 북한 지역 감시정찰에 사용하고 있다. 이 정찰기는 아래쪽 앞면에 전자광학 센서, 가운데에 SAR 레이더 센서를 탑재했다. 이보다 더 먼 거리의 정보를 수집하는 플랫폼 군용기로서 미 공군이 쓰고 있는 RC-135V 리벳조인트Rivet Joint 정찰기는 최첨단 전자광학 센서가 장착돼 있어서 수백 킬로미터 밖에 떨어진 중장거리 탄도미사일 발사 징후와 궤적도 추적한다.

정찰기 외에 정찰위성도 있다. 정찰위성은 어떤 무기 체계보다 활발

무인 정찰기 글로벌 호크

히 확대되고 있는 추세다. 정찰위성은 핵 시설이나 미사일 발사기지 등 군사시설을 정찰하기 위한 목적으로 사용되며 우주에서부터 목적지 상공에서 수집한 신호 데이터를 지상으로 전송한다. 뿐만 아니라 영상 사진 촬영 외에도 적외선 탐지, 전자 정찰, 군사 통신, 기상 관측 등의 임무를 수행하기도 한다. 사용하는 전파에 따라 광학정찰 위성, 적외선 센서 위성, SAR 위성으로 구분하기도 하고 통신을 도감청하기도 하는데, 이를 위해 동시에 두 개 이상의 센서를 탑재하기도 한다. 정찰위성의 성능은 지상이나 해상의 표적, 지형지물을 얼마나 선명하게 관측하고 식별할 수 있는지, 즉 해상도에 달려 있다. 따라서 고해상도의 영상을 얻기 위해 센서 고성능화와 궤도 운용의 다변화 등 여러 방법이 고안되고 있다.

특히 최근에는 AI 기술이 접목되면서 무기 체계에도 큰 변화를 보이고 있다. 예를 들면, 물체의 일부분만 드러난 부분 영상이나 수중 음량 등 인간의 감각과 인지 능력만으로 식별이 어려운 부분 데이터에 AI 기술을 적용해 물체를 검출하고 식별할 수 있게 되는 것이다. 이와 더불어 해상도 낮은 위성 영상 인식 기술, 이동식 발사대 인식 기술 등 다양한 센서 데이터를 융합해 복잡한 전술 상황을 인식하는데 AI 기술을 적용하는 연구들이 활발히 진행되고 있다. 이 기술들은 국방 센서에 새로운 전기를 마련해 줄 것이다.

현재 국방 센서는 더 넓은 지역에서 더 작은 표적을 더 정밀하게 감시할 수 있는 방향으로, 지상보다는 공중과 우주에서 운용하는 방향으로 발전해 가고 있다. 미래 전장에서는 공중, 지상, 해상뿐 아니라 우주와 사이버 공간 등 전 전장 영역에서 여러 센서와 무기 체계들이 복합적으로 융합되고 통합되는 방향으로 운영될 것이다. 이에 따라 감시정찰 기능, 전달과 의사결정, 그리고 타격 기능이 서로 연동되는 복합 무기 체계로 발전하고, 동시에 유인과 무인 무기 체계가 서로 연결돼 하나의 무기처럼 쓰이게 될 것이다. 뿐만 아니라 AI 기술이 적용된 다양한 무기 체계들이 실시간 초거대 용량의 정보를 수집하고 처리하면서 인간 전투원들의 작전을 지원하고, 특정 센서가 기능을 상실해도 다른 센서들이 계속 성능을 발휘하는 센서 통합 네트워크 기술도 가능해질 것이다. 최첨단 고성능의 기술이 가장 먼저 도입되는 국방 영역에서 반도체 센서는 전장의 처음과 끝을 책임지는 가장 중요한 역할을 앞으로도 계속해 나갈 것이다.

[SUMMARY]

- 국방 분야에 도입되는 기술은 그 성격상 최신 기술, 최고의 성능과 품질이어야 한다.
- 무기의 3대 핵심 기능은 감시정찰, 지휘통제, 정밀타격이다. 전쟁의 징후를 빠르게 포착하고, 정찰한 내용을 토대로 판단하고 지시하며, 표적을 정밀하게 공격하는 것 모두가 무기다.
- 전파탐지기라고도 불리는 레이더는 전파 신호의 반사파를 측정, 분석해 적의 비행기 위치, 목표 표적을 알아낸다.
- 전자광학 센서는 가시광선·근적외선의 반사파를 측정해 CCD로 신호를 받는다.
- 레이저 센서는 기능에 따라 거리 측정, 추적, 라이다 등으로 구분하며, 비포장이나 험지, 야지 주행이 필수인 군용 자율주행차에서 꼭 필요한 고성능 라이다가 특히 주목받고 있다.
- 군용 음향 센서에서 가장 많이 사용되는 건 수중에서 음파로 목표물의 정보를 얻는 소나다. 소나를 활용하면 군함의 종류, 스크류 날개 개수, 침투 경로와 속도까지도 알 수 있다.
- 항법 센서인 GPS는 미국에서 군사용으로 처음 개발해 동맹국과 공유하고 있고, 일부는 민간에도 제공된다. 한국을 비롯 일부 국가에서도 고유의 항법 센서를 개발 중이다.
- 미래 무기는 AI 기술이 접목돼 빅데이터를 실시간 수집, 분석하고, 작전을 지원하며, 작전 중 무기에 발생한 문제를 실시간 다른 센서로 대체해 성능이 유지되는 형태로 진화하고 있다.

chapter 10

미래는
예측 가능한가

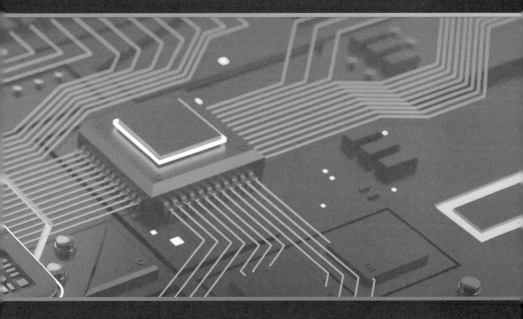

최 준 호
중앙일보 과학·미래전문기자 겸 논설위원

고려대학교 독어독문학과와 카이스트 미래전략대학원을 졸업했다. 현재 중앙일보에서
과학·미래전문기자 겸 논설위원으로 활동하고 있다. 주로 산업부와 경제부에서 경력을
쌓았으나 2009~2010년 해외연수 기간에 하와이미래학연구소에서 미래학을 연구하면
서 '과학과 미래' 쪽으로 전문 분야를 좁혔다. 사단법인 미래학회의 창립 멤버이며, 현재
학회 부회장을 맡고 있다. 2018년 출범한 국회미래연구원의 설립 준비위원으로도 활동
했다.

그는 "미래는 존재하지 않으니 존재하지 않는 것을 공부할 수 없다. 그 대신 미래학은 사람들이 상상하고 있는 미래에 대한 이미지를 공부하는 것이다."라고 정의하며, 그 전제하에 사람들이 갖고 있는 미래에 대한 이미지를 크게 네 가지로 분류했다. 계속성장·붕괴·절제·변형사회가 그것이다. 예측하고자 하는 대상의 미래 이미지는 대부분 이 네 가지로 분류할 수 있다는 얘기다. 인구나 경제 또는 개인의 미래 역시 이 틀 안에서 구분 지을 수 있다. 미래는 특정한 하나로 정해져 있는 것이 아니라 얼마든지 이 네 가지로 분화할 가능성이 있다고 그는 말한다.

미래 예측을 위한 센서, 이머징 이슈와 위크 시그널

　전쟁이 한창인 황량한 벌판. 물도 식량도 떨어진 군대가 대책 없이 지원군을 기다린다. 멀리 지평선 끝에서는 먼지가 피어오른다. 먼지의 정체는 적군일까, 아군 지원군일까. 이도 저도 아닌 야생말 무리일까. 먼 지평선에서 먼지만 일 때는 정체를 알기 어렵다. 높은 곳에 올라가서 내려다보거나, 아니면 그 먼지의 정체가 좀 더 다가오는 걸 기다려야 한다. 내려다볼 높은 곳이 없다면 도리 없이 기다려야 한다. 문제는 그 먼지의 정체가 반갑지 않은 상대일 때다. 시간이 지나 모습을 볼 수 있게 되었을 때 적군임을 확인한다면 이미 늦었다. 칼과 창으로 무장한 적들은 말을 타고 달려오는데, 배고프고 지친 군대는 대적할 힘이 없다. 기다리는 건 죽음뿐이다.

'센서'는 사회과학 또는 인문학적으로도 고찰해 볼 수 있다. 미래 예측으로서의 '센서'다. '이머징 이슈Emerging Issue'라는 용어가 있다. 당장은 그 영향력을 알 수 없으나 시간이 흘러 사회적으로 큰 파급효과를 일으킬 수 있는 이슈를 말한다. 이머징 이슈는 새로운 발견이 될 수도, 치명적 희생을 만드는 사건일 수도 있다. 아무것도 아닌 것처럼 사라질 수도 있다. 이머징 이슈는 시간이 지나면서 여러 가지 동인 moving factor을 작용시키면서 지배적인 트렌드기 될 수 있다.

앞에서 예로 든 지평선 너머의 먼지가 일종의 이머징 이슈다. 그것은 야생말처럼 의미 없는 잡음일 수도, 애타게 기다리던 아군 지원군의 신호일 수도 있다. 먼지가 '이머징 이슈'라면, 지원군은 '트렌드'인 셈이다. 전쟁터의 센서는 높은 언덕일 수도, 아니면 본진 앞에 가면서 정찰의 임무를 맡은 척후병일 수도 있다. 언덕이 높지 않아 멀리 내다볼 수 없다면 센서의 성능이 시원찮은 거다. 척후병이 적들에 발각돼 살해된다는 건 센서가 고장 나버린 거다.

물론 앞에서 예로 든 전쟁터의 상황은 잘 봐 줘도 조선시대 정도다. 오늘날에는 지평선 너머 떠오르는 이머징 이슈의 정체를 미리 파악할 수 있는 과학 기술이 한둘이 아니다. 러시아-우크라이나 전쟁에서 보듯, 지금은 스파이 위성을 넘어 민간 관측 위성도 보고자 하는 대상을 손바닥 손금 보듯 들여다볼 수 있는 세상이다. 최신 KF21 보라매 전투기에 탑재된 국산 AESA 레이더의 탐지 거리는 137km 이상으로 알려져 있다. 그럼에도 불구하고 인문·사회과학적 센서의 중요성을 얘기하는 건, 과학 기술만으로 미래를 예측할 수 없기 때문이다.

IT 장비 속 최첨단 센서는 여러 복잡한 신호 중 원하는 정보를 비교적 정확히 잡아낸다. KF21의 AESA 레이더가 그렇듯 100km 밖에서 다가오는 전투기를 구분한다. 우리 생활 속에 있는 여러 센서들도 마찬가지다. 현관문에 들어서려고 하면 알아서 불이 켜지고, 독거노인의 방 안에서 오랜 시간 움직임이 없는 것을 알아챈 동작 센서가 주민센터나 구청에 이상 신호를 알려준다. 하지만 복잡한 사회 현상 속의 미래 이슈는 결코 하나의 센서로 파악할 수 없다. 눈앞에 다가올 이슈는 빅데이터를 통해 어느 정도 예측할 수도 있겠지만, 1년, 5년, 10년 뒤 미래 예측은 시간이 멀어질수록 점점 더 어려워진다.

과학과 미래를 담당하는 기자로서 봤을 때 대학과 과학 기술 관련 정부 출연 연구소에서 보내오는 연구성과 보도자료는 대표적인 이머징 이슈 중 하나다. 보도자료까지 배포할 정도의 연구성과는 국제학술지의 피어리뷰peer review를 통과하고 게재된, 소위 검증된 것이지만 그렇다고 이처럼 매일매일 쏟아지는 새로운 과학적 발견과 고안된 기술이 모두 더 큰 성과로 이어지는 것은 아니다. 안타깝게도 대부분의 연구 성과는 연구실 서랍, 컴퓨터 디렉토리 속으로 사라진다. 연구실 레벨에서 더 이상은 연구가 진행되지 않거나 스케일업scale-up에 실패하는 경우가 많지만 기술이 성숙됐다고 해서 경제성과 사회적 수용성이린 장벽을 넘을 수 있는 건 아니다. 그럼에도 극히 일부 연구성과는 후속 연구가 계속되고 새로운 발견이 이어지면서 종국에는 인류 사회에 기여하는 무언가로 발전하게 된다.

이머징 이슈와 비슷한 역할을 하는 '위크 시그널weak signal'이란 용어가 있다. 미약하고 사소한 변화로 인식되지만 실제로 미래에 일어날 일들에 대한 징후를 뜻한다. 미래에 일어날 일에 잘 대응하려면, 평소 다양한 위크 시그널에 눈과 귀가 열려 있어야 한다. 하지만 위크 시그널은 잡음 또는 다른 신호와 뒤섞여 있기 때문에 탐지하기 어렵거나 또는 그래서 무시되기 쉽다. 세계무역센터를 무너뜨린 9·11 테러나 2차 세계대전 당시 일본의 진주만 공습도 사건이 발생하기에 앞서 여러 위크 시그널들이 있었다. 9·11 테러의 경우 FBI가 테러리스트들이 비행기로 건물에 테러할 것이라는 정보를 입수, 2001년 8월에 보고했지만 당시 부시 행정부는 아무 조치도 취하지 않았다고 한다. 설마 일개 무슬림 테러 조직 따위가 초강대국인 미국에 이런 직접적인 위협을 가할 것이라고는 전혀 생각지 못했던 것이다. 〈9·11테러위원회 보고서〉는 이런 위크 시그널을 놓친 이유를 정책·역량·관리·상상력 네 가지 부분에서 모두 실패했기 때문이라고 분석했다. 진주만 공습 당시에도 미군 태평양 함대가 일본군의 이상 징후를 두 차례 감지했지만, 이를 무시해 참사를 피하지 못했다. 첫째는 공습 직전 일본의 잠수함이 진주만 인근에 출현한 것을 발견했으나 보고가 무시됐고, 둘째는 당시 진주만에 갓 설치한 육군의 통신중대 하와이 공습경보대가 레이더를 통해 진주만으로 접근해 오는 일본 해군기들을 탐지해 보고했지만 이 역시 묵살당했다.

'미래 예측을 위한 센서'라는 측면에서 이머징 이슈와 위크 시그널은 어떻게 다뤄져야 할까. 통계학과 예측 노하우를 활용해 2008년 대선에서 미 50개 주 중 49개 주, 2012년엔 50개 주의 결과를 맞춰 주목받은 미국의 통계학자 겸 정치분석가인 네이트 실버Nate Silver는 그의 책《신호와 소음》에서 "데이터가 많을수록 '쓸모 있는 신호signal'를 '쓸모없는 소음noise'으로부터 추출해 내는 게 어렵다."라고 말한다. 저자는 소음에서 신호를 분리하려면 과학적 지식과 자기 인식을 동시에 갖춰야 한다고 진단한다. 분석의 도구는 기본적으로 통계 확률 기법이지만, 예측하려고 하는 사람의 선입견과 데이터를 겸허하게 수용하지 않는 독단을 경계해야 한다는 얘기다. 또 이런 문제를 해결하기 위해서는 예측을 끊임없이 갱신해야 하다고 강조한다.

현대 사회는 급격히 진화하고 있는 컴퓨팅 파워와 AI 덕에 수많은 데이터서 속에 의미 있는 '신호'를 발라내는 일이 용이해지고 있다. 한국과학기술정보연구원KISTI은 2022년 2월 발간한 〈미래 기술 위크 시그널 성장예측보고서〉를 통해 최근 5년간 스코퍼스SCOPUS 논문의 빅데이터에 인공지능 알고리즘을 적용해 391개의 위크 시그널을 탐지하고, 이에 대한 해석을 기반으로 현재 진행 중인 과학 기술적 변화와 미래에 대한 시사점을 설명할 수 있다고 밝힌 바 있다.

과학 기술의 발전과 미래 예측

언뜻 생각해 보면 과학 기술의 미래 예측은 크게 어렵지 않아 보일 수도 있다. 정부는 연구개발 예산을 집행하기에 앞서 어떤 연구를 할 것인지에 대해 연구해야 한다. 과학기술정보통신부 산하 한국과학 기술기획평가원KISTEP이 하는 일이 바로 그것이다. KISTEP는 과학기술기본법에 따라 5년 주기로 '과학 기술 예측조사'를 한다. KISTEP에 따르면 이는 미래 사회 변화 전망과 국내외 과학 기술 발전 추세를 분석해 미래 과학 기술을 예측하고 국가적 대응 방안을 모색하기 위해서다.

정부가 연구개발 예산을 집행할 때, 해당 과제를 따려는 수많은 연구자들은 세밀한 연구계획서를 내야 한다. 이 과정을 거쳐 연구자가 결정되면 이번에는 연구개발 로드맵이 마련되어야 한다. 짧게는 3년, 길게는 9년 이상의 연구과제 수행기간에 중간평가도 있지만 계획서상에 연구의 목표가 무엇이며, 언제까지, 그리고 어떻게 진행할지를 밝혀야 한다. 이렇듯 연구과제의 로드맵이 그대로 수행되고 실현된다면 과학 기술의 10년 후 미래쯤은 얼마든지 예측할 수 있을 것이다.

하지만 전망과 계획이 나온다고 해서 과학 기술의 미래 예측이 쉬워질까. 과학 기술 예측조사와 연구개발 로드맵이 10년 후 과학 기술의 모습을 정확히 보여 줄 수 있을까. 아쉽지만 '아니다'라고 분명히 말할 수 있다. 그 이유는 첫째, 과학 기술 예측조사 자체가 생각처럼 엄밀한 미래 예측 방법론을 바탕으로 수행되는 게 아니기 때문이다. 여러 전문가들이 '델파이 기법'으로 조사하지만 한계가 뚜렷하다. 정부 연구개발 과제의 로드맵이란 것도 그렇다. 98%라는 믿기 어려운 정부 과제 성공률이 말해주듯, 대부분의 정부 연구개발 과제란 '성공할 만한 쉬운 과제'이거나, 과제의 목표가 기껏해야 기술성숙도TRL, Technology Readiness Level 4단계에서 그치기 때문이다. TRL은 총 9단계로 구성돼 있는데 1~2가 기초연구 단계, 3~4가 실험 단계, 5~6이 시작품 단계, 7~8이 실용화 단계, 마지막 9단계까지 가야 양산(사업화) 단계에 도달한다. 따라서 일반인이 해당 기술을 쓰기까지는 TRL 구분상 넘어야 할 산이 너무 많다. 한국의 연구개발 특성을 두고 흔히 '연구개발 패러독스'라고 비판하는 것도 투자는 많이 하는데 그 결과물로 나오는 게 거의 없다는 데 기인하고 있다.

이처럼 쉬워 보이는 과학 기술 미래 예측조차 실상은 쉽지 않다. 역대 정부가 그간 수없이 많이 발표했던 8대, 12대 과학 기술 전략과 같은 계획이 하나라도 제대로 실현됐다면 대한민국은 지금 1인당 국내 총생산GDP 10만 달러 시대에 살고 있어도 부족할 지경이다.

미래는 예측하는 것이 아니라 만들어 가는 것

사회현상이나 경제 등에 대한 미래 예측은 어떨까. 2010년 방문연구원으로 있었던 미국 하와이미래학연구소의 정치학자 겸 미래학자 짐 데이터Jim Dator는 "미래는 예측할 수 없다."고 단언한다. 대신 "대안적인 선호 미래를 꿈꾸고 실현해 나갈 수 있다."고 말한다. 데이터 교수는 자신의 이름을 붙여 '데이터의 법칙Dator's Law' 세 가지를 발표했는데 첫째는 '미래는 현재 존재하지 않기 때문에 연구의 대상이 될 수 없다'는 것이다. 지극히 논리적인 말이다. 없는 것을 어떻게 연구 대상으로 삼는다는 말인가. 그는 미래를 연구하는 대신 사람들이 갖고 있는 미래에 대한 이미지를 연구하는 것이 미래학이라고 말한다. 둘째는 '미래에 관한 어떤 유용한 생각도 우스꽝스러워 보일 수밖에 없다', 셋째는 '우리가 도구를 만들어 내지만 그 후엔 도구가 우리를 만든다'라는 것이다.

짐 데이터의 말대로 미래 예측은 불가능한 일일까. 초기 미래학자들은 수많은 데이터를 집어넣고 분석하면 비교적 정확한 미래를 예측할 수 있다고 생각했다. 또한 미래학의 쓸모는 남들에 앞서 보다 정확한 미래를 예측하는 데 있다고 여겼다. 심지어는 짐 데이터 자신도 젊은 시절엔 그렇게 생각했다고 고백했다. 현재도 대부분의 학문 분야에서 미래 예측 또는 전망을 한다. 하지만 여기엔 결정적 오류가 있다. 미래 전망의 수단이 과거와 현재에서 그친다는 것이다. 과거에서 현재까지 일어난 여러 가지 이슈, 또는 변화를 일으키는 동인을 갖고 일종의 규칙성, 즉 함수를 구한 뒤 그 선을 현재에서 미래로 연장해 긋는 방식으로 예측한다. 이를 '추세외삽법趨勢外揷法, Extrapolation'이라고 하는데 안타깝게도 사람들이 예측하고자 하는 미래는 결코 일직선 또는 일정한 기울기를 가진 함수로 표현되지 않는다. '과거~현재'에 관한 분석은 그간의 여러 동인을 통해 하는 것이니 가능하지만, 미래로 이어진 연장선에는 앞으로 일어날 수많은 동인들이 전혀 고려되지 않는다.

만약 예측한 미래가 맞다면 그건 크게 두 가지로 구분할 수 있다. 첫째는 요즘 소위 말하는 '정해진 미래'다. 예측하고자 하는 미래까지 변화 동인이 거의 없는 경우다. 대표적인 게 '인구'다. 서울대학교 인구정책연구센터는 우리나라 총인구가 2029년에 5,000만 명 선이 무너지고, 2076년 3,000만 명 미만, 2100년께는 1,650만 명으로 쪼그라들고, 2300년께면 100만 명에 불과할 것이라고 예측하고 있다. 이는 연도별 출생자 수, 사망자 수, 평균수명, 합계 출산율 등을 계산하면 어렵지 않게 나오는 예측 수치다. 하지만 이 또한 향후 변화 동인이 전혀 없다고 할 수 없다. 전쟁이나 코로나19보다 더 강력한 팬데믹이 발생해 인구가 더 빠르게 줄어들 수도 있고, 적극적인 이민 정책으로 인구가 늘어날 수도 있다. 둘째는 '소 뒷걸음치다 쥐잡기'와 같은 격이다. 내다보고자 하는 미래의 시점까지 발생할 수 있는 동인은 많을 수밖에 없는데 이를 고려하지 않고도 예측이 맞았다면, 이는 우연의 일치이며 일회성일 수밖에 없다.

미래 예측엔 '자세'도 중요하다. 태풍과 같은 기상 예보를 예로 들어보자. 기상 예보는 그나마 슈퍼컴퓨터에 수많은 데이터를 입력해 단기간의 기상을 예측하는 일이다. 여기서 변화 동인이라면 태풍에 영향을 미치는 요소다. 즉, 바닷물의 온도와 수증기, 바람 등이 태풍을 키우기도 하고, 방향을 바꾸기도 한다. 기상장교 출신인 지인으로부터 들은 재미있는 이야기가 있다. 공군 조종사들은 매일 비행에 나서기 전 기상장교로부터 기상 브리핑을 듣는다. 그런데 브리핑을 들을 때 한국 조종사와 미국 조종사들의 반응이 다르다는 것이다. 예를 들어, 필리핀 해상에서 태풍이 발생했다고 하자. 첫 예보 때는 "태풍이 열흘 뒤 서해안을 거쳐 인천으로 상륙할 예정"이라고 했다가, 3일 뒤에는 "태풍이 경로를 일본 규슈 쪽으로 틀 예정"이라고 말할 경우, 한국 조종사는 "왜 말을 바꾸냐. 처음엔 인천에 상륙한다고 하지 않았냐."라고 반응하는 반면, 미국 조종사는 "태풍의 방향을 계속 예의주시해서 최신 예보를 알려달라."라고 말한다고 한다. 미래 예측에 웬 사대주의냐고 반문할 수 있겠지만 한국의 미래 예측 문화가 하나를 정확히 맞추는 것에 익숙해져서 생기는 일이다.

한국 공무원들이 보고서를 만들 때 꼭 집어넣는 항목이 있다. 바로 '해외 선진 사례'다. 새로운 정책을 제안할 때는 미국 등 해외 선진국들이 어떻게 했는지 살펴봐야 한다는 논리다. 일견 타당해 보이기도 한다. 정책을 만들 때 우리보다 앞서 발전한 나라의 움직임을 참고하는 게 지혜롭다고 할 수 있다. 그럼 미국 공무원들도 보고서를 만들 때 '해외 선진 사례'를 넣을까. 당연히 아니다. 미국보다 앞서 발전해서 따라 해야 할 국가가 없기 때문이다. 안타깝게도 한국은 지난 5,000년의 역사 속에서 중국이 간 길을 따라 했고, 일본의 길을 살폈고, 지금도 미국이 어떻게 움직이는지를 예의주시하고 있다.

2011년 6월, 미국 시애틀의 아마존 본사를 찾은 적이 있다. '책의 미래'라는 주제의 글을 쓰기 위해서였다. 아마존의 전자책 단말기 킨들Kindle을 담당하는 임원에게 물었다. "책의 미래를 예측하는 방법이 뭔가요?" 그는 우문愚問에 현답賢答을 내놨다. "우리도 3년여 만에 전자책이 종이책 판매를 넘어선 데 대해 놀랐습니다. 지금은 영어로 된 전자책이 주류지만 머지않은 미래에 나라와 언어에 상관없이 사람들이 원하는 책을 단 60초 안에 내려받아 읽어 볼 수 있게 하는 것이 우리의 꿈이죠. 미래를 예언하는 가장 좋은 방법은 원하는 미래를 만들어 내는 것입니다." 추격국의 역사를 가진 나라는 선도국이 어떻게 움직이고 있는지를 살피고(예측) 그 시행착오를 바탕 삼아 가는 데 익숙하지만 미국과 같은 선도국은 따라갈 수 있는 미래가 없으니 너무도 당연히 미래를 예측하는 게 아니라 미래를 열어 가고 있었다.

짐 데이터 교수의 이론 중 '네 가지 미래'라는 게 있다. 그는 "미래는 존재하지 않으니 존재하지 않는 것을 공부할 수 없다. 그 대신 미래학은 사람들이 상상하고 있는 미래에 대한 이미지를 공부하는 것이다."라고 정의하며, 그 전제하에 사람들이 갖고 있는 미래에 대한 이미지를 크게 네 가지로 분류했다. 계속성장Continued Growth · 붕괴Collapse · 절제Disciplined Society · 변형사회Transformation가 그것이다. 예측하고자 하는 대상의 미래 이미지는 대부분 이 네 가지로 분류할 수 있다는 얘기다. 인구나 경제 또는 개인의 미래 역시 이 틀 안에서 구분 지을 수 있다. 미래는 특정한 하나로 정해져 있는 것이 아니라 얼마든지 이 네 가지로 분화할 가능성이 있다고 그는 말한다. '그럼 우리가 할 수 있는 일은 무엇인가'라고 되묻는다면, 이 네 가지 미래 이미지가 모두 실현될 가능성에 대비하면서 이 중 가장 바라는 미래 이미지를 목표로 전략과 에너지를 모아 나가야 한다고 말할 수 있을 것이다. '미래는 예측하는 것이 아니라 꿈꾸고 만들어 나가야 한다'는 말은 이런 논리 하에 만들어진다.

한번은 앨빈 토플러와 함께 지난 20세기를 이끌어 온 세계적인 미래학자이자 《메가 트렌드》의 저자인 존 나이스비트John Naisbitt를 만난 적이 있다. 당시 그는 중국 톈진에 있는 나이스비트 차이나연구소

Naisbitt China Institute에 상주하며 중국에 대해 연구하고 있었다. 서울에서 열린 국제포럼에 기조연설자로 참석한 그에게 "어떤 방법으로 세상을 분석하고 미래를 예측하느냐?"라고 물었다. 그는 다음과 같이 답했다.

"나는 매일 6~7시간을 신문을 읽는 데 보낸다. 나에겐 신문이 곧 현재를 분석하고 미래를 내다보는 도구다. 신문 외에는 매일 전 세계로부터 다양한 정보를 가져올 수 있는 수단이 없다고 생각한다. 미래를 이해하는 가장 중요한 수단은 현재를 이해하는 것이다. 미래는 현재에 내포돼 있다. 미래란 어느 날 하늘에서 갑자기 뚝 떨어지는 게 아니다. 나는 의견에는 관심이 없다. 지금 지구촌에서 무슨 일이 일어나고 있는지 그 사실에 관심이 있을 뿐이다. 나는 특히 경제에 주목하고 있다. 21세기는 경제가 정치를 넘어서고 있는 시대다."

그는 신문 속에서 이머징 이슈와 트렌드를 찾아내고 있었다. 미래 전략의 관점에서 가장 바람직한 센서 또는 미래 예측은 과거와 현재의 이슈를 철저히 파악한 뒤, 이를 바탕으로 가능한 여러 시나리오를 그리고, 이해 당사자들이 원하고 가능할 것 같은 미래 시나리오로 에너지를 모아 만들어 나가는 것이다. 이머징 이슈의 발굴과 위크 시그널의 파악 또한 이런 미래 예측의 대원칙 하에서 응용될 일이다.

SUMMARY

- 당장은 그 영향력을 알 수 없으나 시간이 흘러 사회적으로 큰 파급 효과를 일으킬 수 있는 이슈를 '이머징 이슈'라고 한다.

- 미약하고 사소한 변화 같지만 실제로 미래에 일어날 일들에 대한 징후를 '위크 시그널'이라고 한다. 미래에 잘 대응하기 위해서는 위크 시그널에 눈과 귀가 열려 있어야 한다.

- TRL은 1~2 기초연구 단계, 3~4 실험 단계, 5~6 시작품 단계, 7~8 실용화 단계, 9 양산 단계까지 총 9단계로 구성되는데, 정부 연구개발 과제는 대개 4단계에서 그치는 경우가 많다.

- 미래를 예측할 때는 흔히 과거에서 현재까지 일어난 이슈와 변화 동인의 규칙성을 구한 뒤 그 선을 현재에서 미래로 연장해 긋는 '추세외삽법'을 사용하지만 미래 변화 동인은 반영되지 않기에 오류가 발생하기 쉽다.

- 미래를 정확히 예측하는 것은 거의 불가능에 가깝다. 예측한 미래가 맞았다면 그건 크게 두 가지 경우다. 변화 동인이 거의 없는 '정해진 미래'이거나 '우연'이다.

- 짐 데이터는 미래 이미지를 계속성장·붕괴·절제·변형사회 네 가지로 구분했다. 우리는 이 네 가지 실현 가능성에 대비하면서도 가장 바라는 미래 이미지로 전략과 에너지를 모아야 한다.

chapter 11

이성과 감성 사이, 인간과 인간다움에 대하여

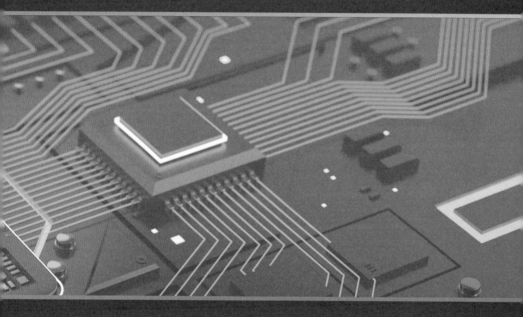

이 창 한

한국반도체산업협회 부회장

서울대학교 기계공학과를 졸업하고, 컬럼비아대학교 대학원에서 경제학 석사, 경희대학교에서 경제학 박사 학위를 받은 경제통이다. 1982년 기술고시에 합격, 이후 산업자원부 사무관, 과장, 국장을 거쳐 2013년 미래창조과학부(현 과학기술정보통신부) 초대 기조실장(차관보)을 역임했다. 현재는 반도체산업협회 상근 부회장으로 한국 반도체 및 센서 산업의 발전을 위해 협회 차원의 지원사업을 적극 전개하며, 생태계 조성에 힘쓰고 있다. 지은책으로는 《지하철》,《사람과 사회를 찾아서》가 있다.

사회는 이성과 감성이 서로를 감싸면서 발전한다. 감성의 자유분방함을 이성이 견제하고 이성의 냉엄함을 감성이 녹여 준다. 이성의 수렴력과 감성의 발산력이 이중나선으로 조화를 이루며 사회는 전진한다. 이성적 질서가 감성적 자유로움을 지나치게 압박하면 사회는 도덕만능이 되고 인간의 창의성은 억압된다. 반대의 경우 사회는 자유방임이 되고 방향성을 상실한다. 이성과 감성이 어우러져 서로를 견제하고 보완하며 시너지를 만드는 사회가 되어야 발전이 있다.

더 감각하고자 하는 욕망

인간은 무엇을 상상하는가? 고대 천문학자는 별을 보며 인간 영혼의 무게를 가늠했을지도 모른다. 그리고 별똥별이 떨어지는 순간에 공간의 빛으로 사라지는 영혼의 소멸 또는 재탄생의 신비를 맛보았을지도 모르겠다. 하지만 과학이 발달한 오늘날 이런 상상력은 낭만적이긴 하지만 가슴에 썩 와닿지는 않는다.

인간이 세계를 어떻게 이해하고 있느냐에 따라 삶의 모습은 달라진다. 인간이 느낄 수 없는 것에 대해서는 마음껏 상상의 권능을 부여할 수 있지만, 객관적으로 검증된 것 앞에서는 상상의 영역이 대폭 축소될 수밖에 없다.

상상은 늘 아름답고 모험에 가득 차 있으며 쓰러질 듯 아슬아슬한 평형의 선 위에 놓여 있다. 그리고 인간은 보이지 않는, 더 정확히는 감지하지 못하는 영역을 궁금해하며 그것의 정체를 밝히는 탐험의 여정을 꿈꾼다. 이는 미지에 대한 호기심이자 탐구에 대한 갈망이라 할 수 있다.

인간은 감각과 지각의 동물이다. 감각과 지각을 합쳐 '감지感知, sensing'라고 한다. 물리적 세계를 인식하는 것이 바로 감지다. 반면 비물리적인 세계를 인식하는 것을 '인지認知, perception'라고 한다. 인간은 감지와 인지를 통해 자신을 둘러싼 세상을 파악한다.

감지는 원초적 영역이다. 자신의 몸을 활용해 세상과 소통하는 것이 바로 감지다. 인간의 오감, 즉 시각·청각·촉각·후각·미각을 넘어 평형 감각이나 운동 감각, 수용성 감각, 내부 감각 등 다양한 감각을 총동원해 세상과의 경계를 허물기 위한 노력이자, 몸을 통한 세상과의 대화다. 이때 그 세상 속에는 '나'도 포함된다. 특정 감각이 고도로 발달된 사람은 그 분야에서 두각을 나타내기 마련이다. 예술가나 운동선수, 미식가 등을 예로 들 수 있다. 동물인 인간의 감각 능력에는 한계가 있지만 인간은 늘 이 한계를 뛰어넘으려고 노력해 왔다.

감각은 다름과 차이를 느끼는 것이다. 다름과 차이를 통해 물리적 세계를 파악하는 걸 측정이라고 한다. 감각이 예민하다는 건 결국 측정을 잘한다는 말과 같다. 인공위성에 사용되는 렌즈를 연마할 때 마지막 단계에서는 장인이 손바닥으로 렌즈 표면을 깎아낸다고 한다. 기계가 연마하는 것보다 사람이 손바닥으로 어루만질 때 표면이 더 매끄러운 렌즈가 만들어지기 때문이다. 인간 피부 감각의 승리다.

하지만 일반적으로 인간의 감각은 다른 동물들의 감각에 비하면

형편없다. 인류가 인지 능력 발달에 힘쓰는 동안 감지 능력은 줄어들었을 것으로 추측된다. 그래서 인간은 자신의 감각 기관을 뛰어넘는 감지 장치sensor를 고안하고, 그것을 통해 세상과의 교류를 시도한다. 단순히 부족함을 메우는 것에 머물지 않고, 적극적으로 세상을 밝히려는 고민을 센서로 풀어낸 것이다. 이처럼 인간의 한계를 뛰어넘으려는 욕망, 미지의 세계에 닿고 싶은 욕망이 반도체 센서를 만들고 발전시켜 왔다.

세상으로 뻗어나가려는 생명의 작용, 나와 세상을 연결하여 관계를 창조하려는 욕망은 외부를 단순히 감지만 하는 것이 아니라 감지된 외부와 호응하여 내부의 특질을 발현하기 위한 시도를 시작한다. 세상을 감지하는 건 나를 구체적이고 뚜렷하게 드러내기 위한 첫 단추다. 욕망은 보다 향상된 감각과 인식을 통해 세상과 나의 존재성을 넓히길 원했고, 그래서 인간은 육체적인 감각 기관을 대체할 것들을 고안했다. 센서는 고안물이지만 욕망의 육화(肉化, incarnation)나 다름없다. 센서는 욕망의 매개체이자 욕망의 표지자다.

인간은 센서를 통해 육체적 한계를 벗어나 그동안 차마 다다르지 못했던 세상을 인식할 수 있게 됐다. 스스로 감지하지는 못해도 센서를 통해 대리 감지함으로써 인지의 범위를 확장시킬 수 있다. 그로 인해 세상은 이전과 다르게 사고되고, 내 존재도 이전과 다르게 파악된다. 망원경을 통해 우주를 알게 되기 전과 후의 세상은 완전히 다르지 않은가. 더불어 그 세상들 위에 놓여 있던 인간 존재의 정의도 달라진다. 결국 센서는 세상과 자아의 확장자이자 존재 플랫폼의 개체改替를 위한 시발이다.

센서 네트워크 사회를 만드는 다섯 가지 변화

모든 기술은 극한을 추구하며 발전한다. 기술이 발전할수록 사회도 발전한다. 30년 전 세상과 지금의 세상이 다르듯, 30년 후의 세상은 지금과 또 다를 것이다. 기술의 발전이 가속화되는 만큼 사회의 변화도 가속화된다고 생각하면 2050년의 사회는 얼마나 달라져 있을지 쉬이 가늠되지도 않는다. 반도체 센서 기술도 마찬가지다. 기술이 발전함에 따라 센서의 종류도 많아지고 성능도 우수해진다. 하나의 기능만 담당하던 센서가 다양한 기능을 수행한다. 또 이전에는 측정 못하던 부분도 측정하게 된다. 그럼으로써 센서의 역할은 폭발적으로 확대되며 삶의 다양한 분야에 깊숙이 개입한다. 개별적으로 떨어져 있던 센서들은 서로 결합되고 연결돼 이전까지는 독자적으로 할 수 없던 일들을 하게 된다. 연결성이 강화될수록 미래는 센서 네트워크 사회가 될 것이다. 센서 네트워크 사회를 촉진하는 데 영향을 주는 요소로는 크게 다섯 가지 변화를 들 수 있다.

첫째, 지능화의 진전이다. AI는 기하급수적으로 늘어나는 데이터를 가공해 의미 있게 사용되게 함으로써 지능화 사회의 개막을 선포했다. 현재 사용 중인 AI는 그리 영리하지는 않지만 대용량 데이터 처리로 무제한의 노동을 마다하지 않는다는 점에서 도저히 인간이 따라갈 수 없는 이점을 지니고 있다. 생물인 인간이 모종삽을 들고 있다면 AI는 트랙터로 움직이는 셈이다. 지능화는 18세기 산업혁명의 패러다임을 전복하고 있다. 이전까지의 산업혁명이 육체적 노동으로부터의 해방이었던 반면, 지능혁명은 정신적 노동으로부터의 해방을 추구한다. AI에게 필요한 건 데이터다. AI에게 밥이라고 할 수 있는 데이터를 만드는 게 센서다. 센서는 인간이 감지하지 못하는 극소의 세계부터 극대의 세계까지, 생물과 물리의 영역을 넘어 상상으로만 존재하던 특이점의 양상 등 자연에 속해 있는 모든 것을 감지해 데이터로 전환함으로써 세계와 AI을 맞닿게 하는 중간자다. AI의 발전을 위해서는 센서의 발전이 필수불가결하며, 센서의 능력이 커질수록 AI의 성능도 향상된다. AI는 자연의 데이터를 처리해 인간의 욕망 언어로 바꾸어 세상에 흘려보낸다. 이 과정에서 센서는 욕망의 질료라는 역할에 그치지 않고 그 자체가 욕망이 된다.

둘째, 생산의 효율화와 상품의 감각화다. 인류의 역사는 육체적 노동을 최소화하고 지적 노동을 최대화하는 방향으로 이어져 왔다. 설계에 많은 시간과 노력을 투입해 청사진을 만들고, 기계장치를 활용해 산출물을 내는 방식이 현대적 생산방식 모델이다. 육체적 노동은 기계적 노동에 비해 생산성이 떨어진다. 따라서 육체는 경제적 생산물이 아닌, 행복을 추구하기 위한 쾌락물을 만드는 데 사용되도록 권장된다. 생산이란 작농자와 기계, 기계와 기계, 그리고 기계 시스템과 외부 세계와의 상호작용이다. 현대적 생산은 기계적이고 지능적이며 소비자의 욕구를 실시간으로 반영해야 하기에 초적응적이다. 따라서 기계는 더 정교해지고 영리해지고 감각적이어야 하며, 외부와의 소통 능력을 향상시켜야 한다. 이는 기계가 센서화하지 않으면 안 됨을 의미한다.

생산뿐 아니라 소비에도 센서는 사용된다. 상품은 사회적 욕망의 구현이다. 소비자는 상품을 구매할 때 상품에 내재된 욕망을 구매하고, 소비할 때 욕망을 소비한다. 상품에 센서가 부착되면 상품의 욕망 가치는 커질 수밖에 없다. 욕망은 세상에 대한 관여이고, 센서는 상품으로 하여금 세상에 대한 관여도를 높이기 때문이다. 상품은 변하고 있다. 19세기의 자동차는 육중한 철제 제품으로, 오로지 달리는 것이 주목적이었다. 그러나 현대의 자동차는 사회적 소통에 무게를 둔다. 자동차를 통해 다양하고 복잡한 욕망이 처리된다. 자동차는 하나의 예에 불과하다. 미래에는 모든 상품이 감각화될 것이다. 인간의 욕망이 상품을 감각의 세계로 밀어넣고 있다.

셋째, 아날로그 네트워크의 형성이다. 21세기 디지털 기술의 급속한 발전은 사회의 네트워크화를 촉진시켰다. 자연 공간에서 언어와 몸짓으로 집단을 만들어 표출되던 사회 네트워크는 디지털 네트워크에 주도적 자리를 물려주고 무대 전면에서 퇴장했다. 설사 군중이 거리로 쏟아져 나온다고 해도 이는 이미 디지털 네트워크에서 결집된 모습을 재현하는 것뿐이다. 기층으로서의 디지털 세상이 자연으로서의 세상을 선도하고, 컴퓨터와 휴대폰으로 형성된 네트워크는 사회의 하부 구조로서 기능한다. 직접적인 감각 신호는 희미해지고 간접적인 디지털 신호들이 강렬한 플래시를 터뜨린다. 디지털 세상이 만개하고 있다. 하지만 이건 반쪽짜리 세상이다. 몸의 신호가 쇠퇴한 간접적 욕망의 사회다. 진정한 네트워크는 세상의 무수한 신호들, 아날로그로 표현되는 다양한 피감지물들, 이런 것들이 서로 연결돼 소통하는 아날로그의 네트워크로 완성된다. 디지털을 넘어선 자연 본연의 아날로그를 회복할 때 마치 15~16세기 유럽 르네상스 시대 인간의 재발견처럼 인간의 아날로그적 품성에 대한 새로운 고찰이 이루어질 것이다. 디지털과 아날로그가 섞이면 네트워크가 고급화되고 다양화된다. 디지털 욕망과 함께 아날로그 욕망이 네트워크를 통해 분출되고 뻗어나간다. 이런 아날로그 신호를 모으고 전달하며 해석하기 위해서는 센서가 필수다. 센서 없이 아날로그적 욕망의 다양성은 시도하기 어렵다. 보다 발전적인 네트워크를 통해 감각을 사회화하고 새로운 가치 질서를 시도하기 위해서는 센서의 발전과 적용을 통한 네트워크의 아날로그화가 필요하다.

넷째, 한계를 극복하기 위한 도전이다. 인간의 지성은 미지의 세계를 탐구한다. 위험하기에 가고 싶고 어렵기에 도전하는 것이 인간 불굴의 정신이다. 과학 기술은 그런 인간 정신의 표상이다. 과학 기술은 데이터다. 실험에 의해 통제된 것이건, 아니면 그저 수집한 것이건 과학 기술은 데이터를 통해 발전한다. 자연을 데이터화해 원리를 밝히고 이를 응용해 자연과 교감할 수 있는 무엇인가를 만드는 것이 과학 기술자들의 역할이다. 데이터를 생성하기 위해서는 자연을 측정해야 한다. 자연을 더 정밀하게 감지하고 측정하고 싶어 하는 과학 기술자들에게 있어 센서는 수단을 넘어 욕망 그 자체다. 센서에 의해 발견된 미지의 영역은 그 자체로 권력이 된다. 미지의 땅을 개척해 깃발을 꽂은 선구자처럼 새로운 자연의 비밀을 찾아낸 과학 기술자는 최초의 발견자로서 권위와 권능을 갖는다. 이런 권력에의 의지가 소멸되지 않는 한 과학 기술은 무한한 발전을 향해 나아갈 것이다. 과학 기술의 발전이 가속화되고, 인간의 세상에 대한 지식 폭이 넓어질수록 센서에 대한 갈증 또한 심화할 수밖에 없다.

다섯째, 담대한 상상의 실현이다. 20세기 중반 미국 자동차 회사들은 자율주행차의 대중화를 예고했다. 좀 더 거슬러 올라가면 19세기 중반 쥘 베른Jules Verne은 《지구에서 달까지》라는 소설에서 달 여행에 대해 썼고, 16세기 후반 율곡 이이는 임진왜란에 대비해 비행기에 대한 논의를 했다. 어떤 상상이든 인간은 자신의 상상을 실현시키고자 하는 경향이 있다. 우주 식민지 개척, 타임머신의 발명, 순간이동장치의 상용화와 같이 거창한 것은 아닐지라도 암의 정복, 홀로그램의 대중화, 대서양 진공터널의 건설, 극초음속 여객기 스크램제트 scramjet 운항과 같은 것들은 얼마든지 실현가능하다. 로봇 서비스의 대중화는 이제 이야깃거리도 되지 못한다. 인간은 시간과 공간을 뒤섞고 물질과 에너지를 자유로이 변환시키고 삶과 죽음을 혼합해 새로운 세상을 만들고 싶어 한다. 이는 세상을 감지하기 위한 욕구 이전의 동력, 즉 인간의 무한한 상상력의 실현이라는 담대한 구상에 대한 것이다. 이런 구상을 실천하기 위해 우리는 그동안 감히 넘볼 수 없던 세상을 볼 수 있어야 한다. 뿐만 아니라 지금 이 사회에서 일어나고 있는 일을 정확히 파악해야 한다. 의식과 무의식을 통한 행동에 대해, 또는 가치의 배분이 물리적 세계에서 어떤 방식으로 일어나고 있는지를 알기 위해 센서의 눈이 필요하다. 센서는 과학적 구상을 넘어 사회적 구상을 실현하기 위한 필수불가결의 존재가 됐다.

이성과 감성

인류가 고안한 이원법적 분석의 틀 중 가장 오래됐으면서 가장 끈질긴 생명력을 가진 것이 이성과 감성이다. 이성은 개념적이고 논리적인 판단 능력이다. 절대적 진리를 향한 지성, 사회의 총체적 지능이 바로 이성이다. 반면 감성은 감각에 대한 느낌이나 외부 자극에 대한 마음의 움직임으로, 현상을 향한 즉각적인 대응 또는 사회적 분출로 나타난다.

사회는 이성과 감성의 유전자로 구성된다. 이성은 관찰과 판단을 통해 질서를 형성하는 것이 주목적이기에 사회를 조직화하고 유지하는 기제로 작용한다. 가치를 정하고 배분하며 갈등과 투쟁이 일어나지 않도록 예방하고 다툼이 발생하면 해결 방안을 마련함으로써 사람들이 더불어 살아갈 수 있게 해 준다. 이성은 무질서나 일탈을 좋아하지 않는다. 정해진 틀 내의 운동, 즉 법칙을 선호한다. 갑작스러운 변수로 인해 문제를 해결할 수 없게 되는 상황을 싫어하고, 통제, 수렴, 균형, 조화, 엄정, 획일성 같은 것들과 친하다.

반면 감성은 무질서한 흐트러짐의 유전자다. 생물학적 개인으로서, 사회에 속하지 않은 자유 인간으로서 마음과 육체의 즐거움과 만족감을 고양시키기 위해 외부에 대해 최대한의 감각을 발현하려는 유전자가 감성이다. 따라서 감성은 정해진 틀을 깨고 새로운 세상의 감각, 지금까지 느껴 보지 못했던 것들에의 갈증으로 생명력을 유지한다. 끝없이 분출하는 삶의 에너지를 사랑하고 기존 질서의 고리를 끊어 이전과는 다른 현상의 탄생을 기대한다. 탐닉, 자유, 모험, 일탈, 관용, 다양성 같은 것들이 감성 곁에 함께한다.

사회는 이성과 감성이 서로를 감싸면서 발전한다. 감성의 자유분방함을 이성이 견제하고 이성의 냉엄함을 감성이 녹여 준다. 이성의 수렴력과 감성의 발산력이 이중나선으로 조화를 이루며 사회는 전진한다. 이성적 질서가 감성적 자유로움을 지나치게 압박하면 사회는 도덕만능이 되고 인간의 창의성은 억압된다. 반대의 경우 사회는 자유방임이 되고 방향성을 상실한다. 이성과 감성이 어우러져 서로를 견

제하고 보완하며 시너지를 만드는 사회가 되어야 발전이 있다.

이성과 감성이 잘 어울리도록 하는 역할 또한 센서가 할 수 있다. 센서를 통해 세상을 파악하고 사람과 교류할 수 있기 때문이다. 사회와 사람을 관찰한 데이터라는 질료는 우리로 하여금 세상을 논리적으로 추론하고, 감성적으로 받아들일 수 있게 해 준다. 이전에는 보지 못했던 자신과 타인의 모습을 접함으로써 인간 자체에 대한 성찰의 기회를 넓히고, 사회에 대한 이해도 깊어진다. 이렇게 감각을 확장하고 강화하는 과정은 인간 진화 과정에서 잃어버렸던 감각을 회복하고, 초감각을 얻게 해 준다. 이성에 비해 늘 밀려나 있던 감성의 지위를 끌어올리는 것은 동물적 존재로서의 원초적 인간 모습의 회복을 의미한다.

이성과 감성이 서로 동등한 대항자이자 조력자로서 제 역할을 해야 세상에 대한 시야가 넓어지고, 이는 긍정적인 사회 발전에 기여한다. 이처럼 인간과 사회의 지평을 확대하는 데 센서가 계기를 마련해 줄 것이다.

액추에이터로서의 인간

센서는 액추에이터를 만나 꽃을 피운다. 액추에이터는 센서의 데이터를 받아 자기 목적을 실현시키는 작동기구 또는 구동장치를 말한다. 디지털 데이터를 처리하는 대표적인 액추에이터가 바로 컴퓨터다. 액추에이터는 어떤 데이터를 처리하느냐에 따라 그 종류가 천차만별이다. 예를 들어, 시각 데이터를 활용해 2차원에 저장하는 액추에이터는 카메라, 온도 데이터에 따라 원하는 온도를 유지시키는 액추에이터는 냉난방 장치이며, 다양한 데이터를 반영해 움직이도록 만든 액추에이터는 주행 장치, 즉 자율주행차가 된다.

액추에이터가 반드시 기계나 물리적 장치일 필요는 없다. 사람을 포함한 생물, 사회와 같은 제도의 집합, 더 넓게는 자연과 우주 모두 액추에이터가 될 수 있다. 그 무엇이든 센서가 전송한 데이터를 처리해 욕망을 실현하면 그것이 액추에이터가 된다.

액추에이터는 데이터로 표시된 욕망의 처리기다. 센서라는 욕망의 대리인이 복잡다기화하고 한계를 넘어 발전할수록 액추에이터도 대응적으로 발전한다.

인간 액추에이터는 궁극적 욕망의 담론자로서 새로운 욕망의 뻗어

나감을 결정하는 최종 심급이다. 센서가 다양한 데이터를 만들어 사회에 전달하면 인간은 이성과 감성을 통해 세상을 설계한다. 욕망은 육하원칙으로 또는 직관이나 감각에 의해 처리되며 사회 변화를 일으킨다. 특히 아날로그적 네트워크를 통해 이전에는 불가능하던 다양한 감각이 전달될 경우 세상은 보다 감성의 사회적 측면을 중시하게 될 것이다. 이전에는 미숙하고 단순했던 아날로그적 체험 공간이 디지털 체험 공간의 확장 이상으로 정교하게 발전하고 확대될 수 있다.

액추에이터 역시 아날로그의 수용기로서 변화를 거칠 것이다. 다양한 데이터를 욕망 실현을 위해 효율적으로 처리하려면 AI, 생물적 육체, 기계적 탁월성을 겸비한 도구로서의 능력이 액추에이터에 요구된다. 이로써 액추에이터는 단순한 작동기구에서 벗어나 새로운 욕망의 담지자로서의 가능성을 연다. 인간의 이성과 감성의 한계로 파악하지 못했던 것들이 새로운 액추에이터를 거쳐 발현됨으로써 욕망의 제한이 풀린다. 망원경을 통해 태초의 빛을 보았을 때, 인간의 몸을 구성하는 세포 하나하나를 관찰하게 되었을 때 우리는 새로운 세계로의 욕망 여정에 들어섰던 경험을 갖고 있다. 액추에이터는 데이터를 처리하며 센서 네트워크의 행동 산출자로서 인간과 세상을 실질적으로 연결한다. 그럼으로써 액추에이터는 욕망이 결집되고 재출발하는 거소가 된다.

디센싱될 권리와 자유

　앞에서 언급한 이유들만 봐도 센서 사회의 도래는 자명하다. 미래는 갖가지 센서가 연결된 센서 네트워크 사회다. 가까운 미래인 2050년쯤이면 그런 사회를 만나게 될 것이다. 디지털과 아날로그 데이터가 먼지처럼 떠도는 사회에서 인간의 모습은 생물적으로나 사회적으로나 낱낱이 파악, 분석되고 그땐 데이터를 장악하는 사람이 변화를 주도할 수 있게 된다.

　문제는 그 속에서 평범한 개인이 말살될 수도 있다는 데 있다. 현재에도 디지털 감옥을 두려워하고 잊힐 권리조차 확보되지 않고 있는데 미래에는 더욱 심화할 수 있다는 것이다. 사람들은 센싱당하지 않는 디센싱desensing의 권리를 원한다. 내가 사물을 측정할지언정 사물화되고 싶지 않은 것이다. 나는 '측정하는 인간'이지 '측정되는 인간'이 되고 싶지 않다. 익명성에 대한 존중, 온전한 개체로서의 자유의지와 행동에의 요구는 당연한 주장이다. 하지만 빅브라더 사회의 데이터 네트워크 세계에서는 이런 소박한 요구조차 무시당하고 왜곡될 수 있기에 우려의 목소리가 크다.

　따라서 우리는 어떻게 하면 디센싱의 자유를 보장받을 수 있는가에 대해 진지하게 고민해야 한다. 르네상스 시절 신으로부터의 속박에서 벗어나 인간 본연의 모습을 찾으려 했듯 센서의 눈으로부터, 사소한 것 하나 놓치지 않으려는 초월적 이성의 사고로부터 벗어나기 위한 몸부림이 필요하게 될지 모른다. 그때는 아날로그로 대변되는 어설프고 흐릿한 감각이 그리워지는 건 아닐까. 제대로 맞지 않는 시계의 초침을 손가락으로 조심스레 돌리며 시간의 벽을 꾹꾹 눌러 보던 그때가 말이다. 사랑을 느끼긴 해도 잴 수 없음을 당연시하던 시절에 실연당한 울음의 침잠이 미련할 정도로 길던 그 어둠을 말이다.

과학 기술의 발전이라는 거대한 빛 뒤로 우리는 이처럼 짙은 어둠의 그림자를 쉽게 상상할 수 있다. 하지만 인간의 이러한 정신이 살아 있는 한 미래는 보다 희망적으로 발전해 나갈 것이라고 기대해 마지 않는다.

반도체 인사이트 센서 전쟁

초판 1쇄 발행 2023년 3월 31일

초판 3쇄 발행 2025년 1월 20일

엮은이 한국반도체산업협회

지은이 주병권 김현중 박종구 문보경 김민선 서성현
김상효 이민정 박영욱 최준호 이창한

펴낸이 안병현 김상훈

본부장 이승은 **총괄** 박동욱 **편집장** 임세미

책임편집 한지은

마케팅 신대섭 배태욱 김수연 김하은 **제작** 조화연

펴낸곳 주식회사 교보문고

등록 제406-2008-000090호(2008년 12월 5일)

주소 경기도 파주시 문발로 249

전화 대표전화 1544-1900 주문 02)3156-3889 팩스 0502)987-5725

ISBN 979-11-5909-848-2(03320)

책값은 표지에 있습니다.